KB267453

# 카리스마
# 스타일링

# 카리스마 스타일링


지은이     강진주
펴낸이     최승구
펴낸곳     세종서적(주)

편집인     박숙정
편집국장   주지현
기획       이진아 콘텐츠컬렉션
책임편집   김소영
편집       윤혜자 권해진 윤효진
디자인     조정윤
마케팅     김형진 양봉호 신정희
경영지원   홍성우

출판등록   1992년 3월 4일 제4-172호
주소       서울시 광진구 천호대로 132길 15 3층
전화       영업 (02)778-4179, 편집 (02)775-7011
팩스       (02)776-4013
홈페이지   www.sejongbooks.co.kr
블로그     sejongbook.blog.me
페이스북   www.facebook.com/sejongbooks

초판 1쇄 인쇄  2015년 1월 26일
　　1쇄 발행  2015년 1월 30일

ISBN 978-89-8407-469-9  13320

이 도서의 국립중앙도서관 출판시도서목록(CIP)은 서지정보유통지원시스템
홈페이지(http://seoji.nl.go.kr)와 국가자료공동목록시스템(http://www.nl.go.kr/kolisnet)에서
이용하실 수 있습니다.(CIP제어번호: CIP2015001202)

CEO를 움직이는 강진주의

# 카리스마 스타일링

수많은 CEO와 임원, 대통령의 이미지는
그녀의 손에서 만들어졌다!

강진주 지음

c o n t e n t s

# 32세, 이래도 저래도
# 당신들이 갑이다

20대 초반 대학 시절은 스펙 쌓기, 취업 준비로 너무 바쁘다. 높은 취업 문턱을 넘어서서 일찌감치 입사를 했다고 해도 여자는 24세, 남자는 28세쯤이다. 간신히 회사에 취업한 후 길고 힘든 취업의 터널을 통과했다며 찬사를 받고 어깨에 힘을 줘본들, 신입은 신입일 뿐이다. 이 눈치, 저 눈치만 보다가 1년이 후딱 지나가고, '이제 좀 일이 손에 익는구나', '내가 월급을 받는 만큼은 일하는구나'라는 생각이 들면 2년이 흘러가 있다. 그리고 비로소 자신이 어느 자리에 있으며, 하는 일이 무엇인지 알고 정체성을 찾게 되는 때가 입사 3년 차이다.

그런데 슬프게도 대체로 이 3년 동안 그나마 있던 한 개인의 카리스마가 철저히 뭉개진다. 이렇게 입사 후 3년 동안 '개인'은 '조직원'이 되어간다. 자신이 어떤 이미지인지 알기도 전에 회사의 분위기에 맞추어 술에 술 탄 듯, 물에 물 탄 듯한 사람이 되는 것이다.

안타깝게도 이 시기에 가장 두려워하는 것이 바로 "싹수없다", "뛴다", "세다"라는 말이다. 그렇게 우리는 점점 자기만의 색깔을 죽이고, 회색 인간이 되어간다. 그러나 나는 그런 모든 사람에게 다음과 같이 말해주고 싶다.

"싸가지는 바가지다. 복 바가지!"

더 이상 "싹수가 없다", "드세 보인다"는 말을 두려워하지 말자. 그 에너지가 당신을 매력적으로 보이게 해줄 것이기 때문이다.


겸양과 겸손, "내 탓입니다" 하고 고개 숙이는 것이 교양과 지성의 증거인 시대는 지났다. 이제는 독특함이 따돌림의 대상이 되지 않고, 세 보인다는 말에 기가 죽은 채 고개를 돌릴 필요도 없다. 바야흐로 자기경영 시대이기 때문이다.

한 기업의 CEO는 자사의 이미지를 정하고 회사를 운영한다. 대기업이든 동네 포장마차든 간에 주인의 분위기가 곧 그

업장의 분위기를 좌우한다. 이것은 개인도 마찬가지이다. 우리는 모두 스스로의 주인이자 '나'라는 기업을 운영하고 있는 경영자이다. 당연히 자신만의 매력을 가져야 하고, 그 매력에 스스로 만족하면서 사회생활에서의 목표점에도 도달해야 한다. 당신은 자기 이미지에 자신감을 가져야 한다. 그리고 필요한 이미지를 보완해서 자신의 매력을 만들어가야 한다.

나는 그런 이미지를 제대로 만들 수 있도록 도와주는 이미지 컨설턴트이다. 어느새 이미지 컨설팅이라는 일을 시작한 지도 20년을 향해 가고 있다. 컨설팅을 해주며 그동안 만났던 사람들을 떠올려보니, 수많은 사람이 주마등처럼 지나간다. 그중 가장 생각나는 사람이 있다. 지금껏 내가 이 일을 할 수 있게 해주었고, 이 일이 내 천직임을 깨닫게 해준 사람이다. 그는 바로 내가 처음으로 퍼스널 컨설팅을 해드린 분이다.

지금은 퍼스널 컨설팅을 하는 경우가 훨씬 많아졌지만, 내가 이 일을 시작했던 20여 년 전에는 개인보다 단체를 대상으로 하는 강의가 주를 이루었다. 이런 경향은 내가 미국에서 공부했던 것과는 완전히 방향이 달랐다. 미국에서는 개인 컨설팅을 하다가 기업에서 강의를 하는데, 우리나라는 기업 강의를 먼저 하고, 그다음에 개인 컨설팅으로 이동한다. 이미지 컨설팅의 콘텐츠에 따라 달라지기는 하지만 보통 우리나라는 집단이 먼저 듣고, 개인이 나중에 의뢰하는 경우가 더 많다. 그나마도 자신의 진짜 이미지를 찾기보다는 알맞은 코디가 어떤 것일까, 행동은 어떻게 해야 할까 등 단편적인 팁을 원하는 사람이 허다하다. 게다가 이미지 컨설팅을 챠밍스쿨의 일종으로 여기는 경우도 빈번하며, 매너를 표현하는 방법으로 생각하기도 한다. 그러나 그것이 이미지 컨설팅의 목표는 아니다.

이미지 컨설팅은 비즈니스의 성공을 도와주는 프로그램이다. 그래서 나는 스스로를 '헬퍼'라고 생각한다. 한편 비즈니스를 성공시키기 위한 것이 이미지 컨설팅의 우선적인 목표이지만, 궁극적으로는 고객이 가지고 싶은 행복이 무엇인지를 고민하고 그것을 채워주는 것이라고 할 수 있다. 그 때문에 나는 현재보다 미래에 포커스를 맞추어 컨설팅하기를 좋아한다.

나의 이미지 컨설팅 목표는 '내 고객의 행복'이다. 나의 컨설팅으로 인해 많은 사람이 행복해지는 것이 내가 이 일을 하는 이유이다. 그 행복이 어떠한 방법에 의해서 만들어지는가는 사람마다 다르다. 행복의 조건이 다르기 때문이다. 그러나 방법과 조건이 다를 뿐, 궁극적인 목표는 하나이다. 바로 모든 사람이 자신에게 딱 맞는 이미지를 찾아서 행복해지는 것!

이미지 컨설팅은 유명인만 받는 것이 아니다. 특별한 사람의 전유물도 아니다. 나의 고객들은 한 회사의 CEO나 연예인뿐만 아니라 장애인이나 초등학생도 있으며, 대다수 지극히 평범한 사람들이 주를 이룬다. 일상적으로 인간관계를 맺으며 살아가는 우리 모두에게 자신만의 이미지는 꼭 필요하기 때문이다.

이미지 컨설팅은 어떤 사람이 본래 가지고 있는 이미지를 찾아내고, 그것을 존중하는 것부터 시작한다. 여기에서 주의할 점은 그 사람에게 필요한 이미지가 있다고 해서 그것을 억지로 만들거나 강요할 수는 없다는 것이다. 우리에게 필요한 것은 자신의 이미지를 좀 더 상황에 적절하게, 그리고 좀 더 나은 것으로 변화시키고 보완하는 일이지 다른 사람으로 변형시키는 것이 아니다. 컨설팅은 상담하고 조언하고 방향을 제시하는 것이며, 평가하고 명령하는 일이 아니다. 이미지를 만드는 것은 어렵고 때로는 불가능해 보이기도 한다. 그렇지만 이미지 컨설팅은 이와 다르다. 자신의 본래 이미지를 알고, 그것을 보완해 가는 작업으로 아주 자연스러운 과정이다.

컨설팅 일을 하면서 나는 모든 사람이 함께 지녀야 할 이미지가 무엇일까를 항상 고민해왔다. 그리고 나의 이런 궁금증에 대부분의 사람들은 '신뢰성'이나 '전문성' 같은 이미지를 이야기했다. 그러나 나는 사람들이 공통적으로 가져야 할 이미지란, 일을 하는 사람이라면 모두가 지녀야 할 가장 기본적인 이미지로써 바로 다음과 같은 것이라고 말하고 싶다.

'카리스마.'

내가 이미지 컨설팅에 대한 공부를 처음 시작했을 때, 미국의 선생님이 한국 사람들을 악어라고 이야기했던 적이 있다. 나는 왠지 모르게 그 말이 기분 나빠서 우리나라 사람들이 왜 그런 이야기를 듣는지 생각을 해보았다. 이유는 이랬다. 우리나라 사람들은 표정이 없는 악어처럼 자신의 심상, 즉 마음속의 것을 표현하지 않는다는 뜻이었다. 속내를 그대로 표현하면 안 된다고 교육을 받은 사람들이 바로 대한민국의 국민들이다. 우리나라에는 아직도 그런 사람들이 수두룩하다. 나는 타인을 어떻게 대해야 하는지 잘 모르는 사람들에게 스스로 할 수 있는 가장 쉬운 방법으로 자신을 표현해내는 노하우를 알려주고 싶다.

세 번째 책을 출간하고, 여러 해가 지났다. 이제 새로운 책을 준비하면서 이 책을 주고 싶은 사람들이 떠오른다. 그들은 "나 그런 사람 아니에요"라는 말을 목구멍까지 끌어올리다가 다시 명치 아래로 꾹 누르며 참는 사람들이다. 이 말은 내가 20여 년간 컨설팅을 하면서 가장 많이 들었던 한탄이기도 하다. 그래서 나는 이 책을 읽은 사람들이 자신을 잘 표현해내어 더 많이 행복해졌으면 좋겠다는 마음을 가져본다.

또한 나는 자신만의 방식으로 카리스마를 표현할 수 있는 방법을 찾는 사람들에게 이 책을 주고 싶다. 대한민국의 모든 사람이 리더가 되고, 모든 리더가 카리스마를 표현할 수 있는 그날까지, 그래서 진정한 리더가 되는 그때까지.

나는 모든 사람이 행복해지기를 바라며, 오늘도 나에게 도움을 청하는 누군가를 위해 이미지 컨설팅을 한다.

# chapter 1

# 이미지란 무엇인가

좋은 이미지를 가지려고 노력할 필요는 없다.

이미지는 좋고 나쁜 것으로 나눠지지 않는다.

신경쓸 것은 하나, '나의 목표를 위해 어떤 이미지가 필요한가'이다.

# 32세
## 회사의 핵심 인력인 당신

퇴근하며 바라본 시곗바늘이 정확히 12시 5분을 가리키고 있다.

아침 9시, 팀 회의를 시작으로 정신없이 달려온 하루였다. 점심은 샌드위치로 때우고, 두 건의 외부 미팅과 밀린 업무를 처리하니 어김없이 부장의 "한잔하고 가자"라는 호출이 나를 붙잡는다. 며칠 잠이 모자라 집에 가고 싶은 마음이 굴뚝같았지만 어쩔 수 없이 따라나선 저녁, 한잔의 자리. 그렇지만 한잔으로 끝날 리가 없다. 기러기 아빠인 부장이 곤드레만드레 취해서 콜택시를 탄 후에야 비로소 넥타이를 풀며 하늘을 올려다볼 수 있다. 어둑어둑할 때 집에서 나와 캄캄해져서야 돌아가는 생활이 얼마나 반복되고 있는지……. 이제는 그렇지 않았던 때가 기억나지 않는다.

샤워를 하고 누웠는데 막 깨버린 술 때문인지 오히려 정신이 더 또렷해진다. 자기 전에 잠시 이메일이나 확인해볼까. 스마트폰의 전원을 켠다. 해외 바이어로부터 메일이 와 있다. 그리고 습관처럼 누른 메일에 머리가 복잡해진다. 오랫동안 속을 썩이며 밀당 아닌 밀당을 했던 바이어가 던진 묵직한 제안. 이 제안을 잘 잡아야 일도, 커리어도 쌓일 것이 분명하다. 슬며시 밀려오던 피곤이 사라지며 갑자기 미친 듯이 뇌가 움직인다.

'누구에게 먼저 말하고, 어느 팀과 움직이며, 나의 포지셔닝과 동료

와의 협업은 어떻게 해야 할까? 이 일을 제대로 해내기 위해 무엇을 준비해야 하는가? 바이어에게 지금 전화해서 잘 받았다고 말해주어야 하나? 시차가 있으니 내일 아침에 보고를 끝낸 후 연락하면 너무 늦을 텐데. 그래도 보고가 먼저지. 그렇다면 답장이라도 보낼까? 결과는 내부 검토 후에 연락하겠다고 말하고, 일단 메일을 확인한 티만 낼까?'

모두가 잠든 새벽, 홀로 깨어 있는 나는 그렇게 메일 한 통으로 사업의 규모를 그리고, 연결고리를 잇고, 순서와 절차를 고민하기 시작한다.

당신은 32세.
입사 5년 차 대리.
일선에서 맨몸으로 부딪히며 뛰고 있는 당신은 한 회사의 젊은 피이자 핵심 인력이고 미래이다.

# 당신에게 이미지 컨설팅이 필요한 이유

**● 목표와 대상 두 가지만 생각하라 ●**

'이미지'라는 말은 간단한 단어가 아니다. 이것은 잘생겼다거나 몸매가 좋다는 등의 단편적인 단상이 아니라 전체적으로 그 사람이 풍기는 분위기까지 포함한 말이다. 그 때문에 이미지가 좋다는 말은 칭찬 이상의 가치를 가진다.

사람은 각자 자기가 위치한 자리에서 가져야 하는 이미지가 있다. 연예인이나 정치인들이 이미지 관리를 위해 각고의 노력을 아끼지 않는 이유는 그들의 직업이 대중을 향해 보여지는 것이 많은 까닭이기도 하다. 비즈니스를 하는 사람도 마찬가지이다. 업종과 업무, 직책과 직급, 때와 장소, 상황에 따라 다른 이미지를 연출해야 한다. 만약 당신이 당장 사인을 해야만 하는 중요한 계약을 하러 간다면 무엇을 입겠는가? 청바지에 헐렁한 니트를 입고 가지는 않을 것이다. 그렇다고 해서 꼭 옷이나 소품 등이 이미지를 만드는 것은 아니다. 가장 중요한 것은 그 사람이 가지고 있는 본연의 '무엇'이다.

그 '무엇'이 어떤 성격인지 파악하고, 그것을 끌어내어 최대한 존중하며, 그 사람이 가지고 싶고 목표로 삼는 이미지가 표현될 수 있도록 만들어내는 것이 바로 이미지 컨설팅이다. 이는 일반적인 코디네이션이나 이미지 메이킹과 달리, 더욱 심도 있고 본격적인 컨설팅이 들어간다는 면에서 차이가 있다. 예를 들어 어떤 사람에게 필요한 이미지가 있다고 해서 그 이미지를 억지로 만들어내는 것은 일시적인 방법일 뿐이다. 자기 옷이 아니면 불편함 때문에 언젠가는 벗어버리게 되어 있다. 이미지 컨설팅은 한 사람의 외모를 변신시키는 것이 아니다. 개인의 이미지를 객관적으로 파악하고, 어떻게 장단점을 부각시키고 보완할 것인지를 전반적으로 아우르는 일이다.

이미지 컨설팅을 시작할 때, 중요한 것은 두 가지이다.

목표가 무엇인가?
누구를 대할 것인가?

이미지가 좋다는 말은
칭찬 이상의 가치를 가진다.

목표를 정하고, 그에 따른 변화를 가장 잘 보여준 대표적인 인물은 미국의 힐러리 클린턴이다. 그녀는 공부만 했을 것 같은 모범생 이미지에서 대통령의 아내가 되어야겠다는 목표를 정한 순간부터 자신의 이미지를 '영부인'에 맞추어 변화시켰다. 처음에는 힐러리의 촌스러움과 고리타분함을 욕하던 사람들도 점차 온화하고 지혜롭게 내조를 잘할 것 같은 부드러운 이미지의 그녀를 지지하기 시작했다. 오죽하면 빌 클린턴이 정치적으로 성공을 거두었을 때도 사람들은 "힐러리 때문이다"라고 말했고, 그가 실패했을 때도 "힐러리 때문이다"라고 했을까. 그만큼 힐러리가 가진 변화무쌍한 이미지가 그녀 자신뿐만 아니라 남편의 이미지를 만드는 데에도 영향을 미친 것이다. 이후 영부인의 임기가 끝날 무렵, 힐러리는 자신의 목표를 위해 다시 한 번 이미지 변신을 시도한다. 그것은 강단 있고 당당한 여성 리더의 이미지였다. 그리고 그녀는 상원의원이라는 목표를 정하고 자신의 이미지를 서서히 변화시켰다.

힐러리를 예로 든 가장 큰 이유는 '목표를 위해 미리 준비한다'라는 점 때문이다. 우리나라의 경우, 대부분의 이미지 컨설팅이 급박하게 이루어진다. 당장 다음 주에 있을 행사, 내일 있을 면접, 며칠 뒤의 소개팅 등 한 번만 하고 끝나면 그만이라는 인식으로 이미지 컨설턴트를 찾는다. 그러나 이미지 컨설팅은 단발성의 이벤트가 아니다. 자신이 가고자 하는 결승점을 보다 일관성 있고 수월하게 갈 수 있도록 만들어주는 무기인 것이다. 그런 점에서 목표를 정하고, 그에 맞는 이미지를 찾아 끝없이 변화한 힐러리는 이미지 컨설팅의 고수라고 하지 않을 수 없다.

이미지 컨설팅에서 두 번째로 중요한 요소는 누구를 대할 것인지를 아는 일이다. 마이크로소프트 사의 수장인 빌 게이츠에 얽힌 일화가 있다. 넥타이 없는 저지 셔츠, 거기에 니트를 받쳐 입는 전형적인 하버드 모범생 옷차림을 고수하던 빌 게이츠는 사업상의 미팅 때도 별다른 변신 없이 평소의 차림대로 나가곤 했다. 그러다 IBM과의 중요한 미팅에서 원하는 바를 성사시키지 못한 적이 있었다. 그때 빌 게이츠가 생각해낸 해결책은 다름 아닌 관찰이었다.

그는 IBM 사의 입구에서 조용히 그 회사 사람들을 살펴보았다. 무슨 옷을 입는지, 어떤 색깔을 주로 활용하는지, 또 무슨 이야기를 나누고 어떤 톤 앤드 매너로 대화를 이끌어나가는지 그 조직 안에 있는 사람들을 관찰한 후 다시 IBM을 찾아갔다. 사람들은 일반적으로 사업 협상에 실패하면, 정량적인 원인을 찾는다. 재무제표가 제대로 작성되었는지, 협상 내용에 무언가 문제가 있지는 않았는지를 먼저 살펴보기 마련이다. 그러나 빌 게이츠는 상대 기업이 가지고 있는 나름의 흐름과 분위기를 파악하고, 그 안에 자신을 스며들게 만드는 전략을 세웠다.

IBM을 다시 찾은 그가 입은 옷은 단정한 정장에 푸른빛의 넥타이를 갖춘 딱 떨어지는 스타일이었다. 그는 누가 봐도 'IBM스럽다'라는 생각이 드는 이미지로 자신을 무장했다. 신뢰성과 확고함을 보여주면서 프로페셔널함을 더해 평소 그가 가지고 있던 온화한 모범생의 이미지를 싹 지워버린 이미지 메이킹은 적중했고, 그는 사업적으로 성과를 올릴 수 있었다. 그의 이미지 연출법은 일종의 TPO 전략이었다. 이렇게 이미지 컨설팅은 언제(time), 어디에(place), 어떤 목적으로(occasion) 가느냐에 따라 자신의 이미지를 전략적으로 기획하고 맞춘 후, 설정한 목표를 이루는 것을 가능케 한다.

사실 빌 게이츠가 선택한 이미지 컨설팅 방법은 미국식이라기보다는 한국식에 가깝다. 미국식 컨설팅은 그 사람의 피부톤이나 체형, 직업 등에 맞추어 심플하게 이루어지는 반면, 한국식 컨설팅은 같은 직업군이라도 목적과 시간, 만나는 사람 등에 따라 상당히 세분화되어 이루어진다. 똑같은 금융권이라고 하더라도 친근함을 더 내세우는 곳인지, 신뢰를 더 내세우는 곳인지에 따라 컨설팅의 방향은 확연히 달라진다.

단순히 아름다워지기 위해, 남들에게 잘 보이기 위해 자신의 이미지를 바꾸는 것이 아니다. '이렇게 되겠다, 반드시 되고야 말겠다'라는 목표가 있다면, 그 목표를 이룰 수 있게끔 인생의 편리성과 유용성을 더하는 고도의 장기 전략을 세우는 것이 바로 이미지 컨설팅이다.

자, 당신의 목표는 무엇인가? 그리고 그 목표를 위해 당신이 가져야 할 이미지는 무엇인가?

이 질문에 대한 답을 찾는 것이 곧 자신만의 이미지를 찾아가는 첫걸음이다.

# 나답게 우뚝 서게 하는
# 이미지 컨설팅



이미지를 만들어보겠다고 결심한 사람들은 보통 그다음 단계로 '그럼 코디네이터는 어디서 찾지?'라고 생각한다. 그래서 내가 "이미지 컨설턴트 강진주입니다"라고 인사를 하면, 상당히 많은 사람이 코디네이터와 나를 헷갈려 했다. 고백하자면 지금은 이미지 컨설턴트라는 장르를 만들고 개척하며 일하고 있는 나이지만, 나 역시 코디네이터와 강사를 두루 거쳤다. 그러나 그때에도 내 마음속에는 항상 '이미지 컨설팅'이라는 말이 그 중심에 있었다.

국사학과를 졸업한 나는 20대 후반, 뒤늦게 내가 가진 장점과 하고 싶은 일을 알게 되었다. 그 후 새롭게 인테리어 디자인을 공부하고 운 좋게 백화점에 취직하여 디스플레이 담당으로 일을 시작했지만, 미대 출신이 아니라 대우는 형편없었다. 그것이 너무 억울하고 속상해서 다시 공부를 하기로 결심한 나는 과감하게 유학길에 올랐다. 미국의 파슨스 디자인 스쿨을 선택하고 인테리어 디자인을 전공하기로 마음먹은 후 안내 책자를 펴는 순간, 내 인생의 또 다른 페이지도 함께 열렸다.

'패션 이미지 컨설팅.'

듣지도 보지도 못했던 분야였는데, 어쩐지 끌리고 호기심이 생겼다. 일단 그것이 무엇인지 알고 넘어가자는 생각에 학과장과 면담을 잡았다. 그런데 그 여자 교수님이 정말이지 엄청나게 멋졌다. 딱 떨어지는 더블 재킷과 짧은 커트 머리에서 풍기는 카리스마가 대단했다.

만약 뽀글거리는 파마에 펑퍼짐한 원피스를 입고 나와서 상담을 했다면, 과연 내가 한눈에 반했을까? 그렇게 멋진 사람이 이미지 컨설팅의 세계를 설명하니 그 분야도 왠지 더 근사하게 느껴졌다. 결국 나는 마음이 확 움직이면서 그 순간 전공을 바꿔야겠다는 결심을 했다. 인테리어가 공간을 디자인하는 것이라면, 이미지 컨설팅은 한 사람을 디자인하는 것이라 할 수 있다. 그 당시 나는 인테리어 현장에서의 거친 싸움과 마음고생에 지치기도 했고, 한 사람의 인생을 좀 더 빛나게 만들어줄 수 있다는 면에서 전공을 바꾸는 데 주저할 이유가 없었다. 그렇게 내 평생 처음으로 '목숨을 걸고 무엇을 한다'라는 말을 실천하며 공부에 매진했다. 옷감을 공부하는 소재학부터 분장학, 머천다이징, 핫 트렌드 분석, 메이크업, 단계별로 나누어진 이미지 컨설팅 수업을 모두 들어야 했고, 색채학까지 따로 공부해야 해서 잠깐의 휴식 시간도 없는 숨 가쁜 나날들이 이어졌다. 그러나 나는 그것조차 너무나 재미있었다.

문제는 공부를 마치고 한국으로 귀국한 후에 시작되었다.

당시 한국에는 이미지 컨설팅이라는 분야 자체가 존재하지 않았다. 이미지 컨설팅 업체가 있기는 했지만 매너 교육 정도를 하는 곳이었고, 대부분은 코디네이션이나 메이크업을 알려주는 학원 개념이었다. 결국 내가 처음 취업한 곳은 메이크업 학원이었다. 메이크업 아티스트를 길러내는 곳에서 나는 그 일과 함께 코디네이터들도 교육했다. 강의하는 일 자체는 재미있었다. 정확히 말하자면 누군가를 가르치는 것보다, 가르치기 위해 내 지식을 정리하는 시간이 좋았다. 6개월 과정의 강의를 맡으면서 내가 미국에서 공부한 것들을 체계적으로 정리할 수 있었다. 강의 커리큘럼을 짜고, 자료들을 하나하나 정리하며 프로그램 계획을 세웠다. 큰 강의 파일을 3개 정도 만들었던 이 기간 동안, 지금 하는 강의의 토대가 완성되었다고 해도 과언이 아니다.

그즈음 눈에 띄는 공고가 있었다. '아라모드'라는 회사에서 이미지 컨설턴트를 구한다는 것이었다. 이미지 컨설턴트를 구하다니! 그런 소리도 처음 들었고, 그런 문구도 처음 보았다. 나중에 알고 보니, 그 회사 부장이 일본을 갔다가 매장 내에 이미지 컨설턴트가 있는 것을 보고 자기네 매장에도 두어야겠다며 채용 공고를 낸 것이었다. 자격 조건은 23세에서 28세의 패션 디자인 관련 전공자였다. 나는 이미 나이에서 자격 미달이었지만 이력서를 제출해보았고, 우려와 달리 바로 채용되었다. 나이는 많았지만 드물게 파슨스에서 전문적으로 공부했다는 점과, 그들이 원하는 이미지 컨설팅을 공부한 사람이었기 때문이라고 생각된다. 다른 채용자들은 모두 패션 전공자였다. 고맙게도 회사에서는 나이가 많은 나에게 팀장 자리를 주었다. 이후 나는 그들을 교육시키는 팀장으로 일했고, 그들은 나에게 교육을 받은 후 각 매장으로 파견되었다.

비록 당시에 이미지 컨설턴트라는 직종이 도입되었다고는 하지만, 그때는 그저 코디네이터의 개념이었다. 옷 골라주는 사람이라는 인식이 팽배한 시절이었다. 솔직히 말하면 나조차도 이미지가 과연 무엇인지 제대로 파악하지는 못했던 것 같다. 이론으로만 공부했을 뿐, 실전 경험이 전무했기 때문에 안목이 없었다. 학교에서 공부할 때에도 주로 의상을 대상으로 하는 '패션' 이미지 컨설팅을 배운 것이라 지금 하는 것처럼 전체적인 이미지를 볼 줄은 몰랐다. 그러나 그때의 이런저런 경험들이 쌓여 코디네이터가 아닌 이미지 컨설턴트로서의 나를 만드는 데 큰 밑거름이 되었다.

쉽게 말해서 코디네이터는 겉모습을 변신시켜주는 사람이다. 모 TV 프로그램에서 메이크업을 고쳐주고, 어울리는 옷을 입히고, 다이어트를 시키고, 장신구를 달아 그 사람을 전혀 다른 인물로 만들어주는 것은 코디네이터의 영역이라 하겠다.

그러나 이미지 컨설팅은 그런 외적 요소보다 단 하나의 주제에 집중한다. '어떻게 하면 당신이 행복할 수 있을까?'

사람은 누구나 목표가 있다. 그리고 그 목표가 손에 잡히지 않을 때 불행해진다. 목표를 이루기 위해서 필요한 것이 무엇인지는 사람마다 다르고 기준마다 다르지만, 분명한 사실은 자기 자신이 목표에 맞춰 바뀌지 않으면 다른 부수적인 부분들이 뒷받침되어도 그 목표를 달성하기 어렵다는 것이다.

앞에서 예로 들었던 힐러리는 자신의 목표가 분명했고, 목표에 맞추어 보여지는 외양뿐만 아니라 그에 부합되는 화법, 매너, 행동 양상까지도 변화시켰다. 이는 빌 게이츠도 마찬가지였다. 그리하여 그들은 원하는 것을 얻었고, 자신의 목표를 달성했다.

이미지 컨설팅은 단순히 옷을 코디해주는 개념이 아니다. 한 개인이 보다 그 사람다워질 수 있도록 전반적인 모든 것을 만들어주는 일이 바로 이미지 컨설팅이다.

# 카리스마,
# 자신만의 이미지를 만드는 힘

**● 카리스마의 정의는 '세다'가 아닌
'매력적이다'라는 뜻으로 바뀌어야 한다 ●**

이미지 컨설팅을 할 때 기준이 되는 것은 그 사람만이 가지고 있는 고유의 기운이다.

만약 어떤 사람이 "전문가다운 이미지를 원하신다면, 심플한 정장을 입으세요"라는 조언을 받았다고 가정하자. 그러나 그 사람의 입장에서는 심플한 정장을 입는 것이 재미없고, 자신에게 어울리지 않는다고 생각한다면? 또 그런 자신의 모습을 예쁘지 않다고 느낀다면? 그 컨설팅은 잘못된 것이다.

그래서 나는 고객들이 나에게 컨설팅을 받은 뒤 조금 더 행복해지기를 바란다. 이미지 컨설팅을 받은 고객들 중에 투자한 금액만큼 수익적인 부분에 무언가 플러스가 되어야 한다고 생각하는 사람도 있겠지만, 내 궁극적인 목표는 나에게 이미지를 컨설팅해온 그 사람의 행복이다. 이미지가 바뀌어서, 또는 이미지가 바뀐 것 때문에 비즈니스 면으로 성공하여 행복해지는 것도 포함해서. 혹자는 돈이나 지위를 얻는 것이 행복이라고 말하지만, 나는 그것이 전부는 아니라고 생각한다. 이미지가 변하거나, 혹은 변화는 크지 않아도 자기 자신에 대한 자존감이 생겨 행복해지면, 그것으로 이미지 컨설팅은 성공한 것이다.

나 또한 처음부터 이런 생각을 했던 것은 아니다. 나도 그동안 배운 지식을 이용해서 판에 박힌 듯한 컨설팅을 했던 시절이 있었다. 그런데 그 마음이 변하고, 상대방의 행복을 그린다는 철학이 생긴 시점이 있었다. 바로 나의 첫 번째 개인 고객을 만난 후부터이다.

내가 1998년에 '패션플러스'라는 회사를 다니면서 온라인상으로 컨설팅을 하고 있을 때였다. 처음으로 퍼스널 컨설팅 의뢰가 들어왔다. 고객은 중견 기업체를 운영하는 40대의 여성 CEO라고 했다. 그런데 그녀의 사무실 문을 열고 들어섰을 때, 순간적으로 나는 그 문을 다시 닫고 나갈지 말지를 고민했다.

자신이 없어졌다. 그녀는 교통사고를 당해서 반신이 마비된 장애인이었다. 다리가 불편해서 스틱을 짚고 있었고, 사이즈는 99! 66도 아니고, 77도 아닌, 무려 99였다. 운동을 전혀 할 수 없기 때문에 살이 붙은 것이었다. 부친은 딸을 위해 자신의 사업체 중에서 알짜 사업체를 맡겨 자립을 도우려 했다. 그로 인해 그녀는 경영을 맡게 되었지만, 사람들 앞에 서는 것을 매우 두려워했다. 그녀는 CEO가 되었으니 신년사도 해야 하고, 직원들 앞에 나서서 연설할 기회가 많아졌는데, 그런 일들에 자신이 없다고 말했다. 그런 까닭에 나에게 이미지 컨설팅을 의뢰한 참이었다.

또 그녀는 자신의 유일한 낙이 퇴근하고 집에 돌아가서 맥주 한잔을 마시는 것이라고 말했다. 기본적으로 사람들과 어울리지 않는 성향이었다. 지금의 나라면 해줄 수 있는 조언이 아주 많을 것이다. 스피치와 제스처, 태도에 대해서도 세심하게 도움을 줄 수 있다. 그러나 그 당시만 해도 아직 의상을 중심으로 컨설팅을 할 때여서 내가 가진 지식은 보잘것없었다. 나는 그녀에게 매주 한 번씩 열두 번의 컨설팅을 했는데, 지금 생각해보면 이런저런 세상 이야기를 나누는 시간이 대부분이었던 것 같다. 물론 프레젠테이션하는 방법, 연설할 때의 자세 같은 것들도 알

   이미지란 무엇인가

려주었다. 또 코디 방법도 제안했다. 그러나 나는 그렇다고 해서 크게 달라질 것이라고 생각하지는 않았다.

한 가지 유용한 팁을 드리기는 했다. 바로 스카프를 사용하는 법이다. 몸집이 큰 사람들은 몸에 라인을 만들어줄 필요가 있다. 스카프를 하면 선이 분할되어 더 날렵해 보인다. 그녀는 한쪽 손을 움직일 수 없었기 때문에, 스카프를 묶은 후 걸쳐서 흘러내리게 했다. 그녀는 그 방법을 배운 후 굉장히 좋아했다. 그렇더라도 12주가 지난 뒤 고작 한 가지를 남겨주었다는 사실은 지금 생각하면 정말이지 한심한 일이다. 마지막 날 그녀는 나에게 이렇게 말했다.

"강 소장, 당신을 만나는 12주 동안 너무 행복했어. 참 고마워요."

지금도 선명하게 남아 있는 마지막 그 말이 내가 이미지 컨설턴트라는 직업을 가지는 데 결정적인 역할을 한 한마디였다.

그 CEO가 가진 고유의 힘, 즉 그녀만의 카리스마는 그런 말을 해줄 수 있는 너그러움에 있지 않았을까 싶다. 그 너그러움을 보다 효과적으로 드러낼 수 있는 컨설팅을 했다면, 아마 나의 첫 퍼스널 컨설팅은 좀 더 성공적이었을 것이다.

그때 받았던 깊은 인상으로 인해 나는 이미지 컨설팅을 의뢰하러 오는 고객들로부터 가장 먼저 그 사람만이 가지고 있는 기운을 파악하려고 노력한다. 그 기운이라는 것은 다른 말로 하면 '카리스마'이다. 카리스마라는 단어를 들으면, 사람들은 반사적으로 거친 마초의 눈빛이나 거들먹거리는 허세를 떠올린다. 그러나 내가 말하는 카리스마는 그런 것이 아니다. 카리스마에는 여러 종류가 있는데, 다음에서 그것을 자세히 살펴보자.

남자들이 가질 수 있는 카리스마는 크게 세 가지이다. 힘의 카리스마, 부드러운 카리스마, 날카로운 카리스마가 그것이다. 한편 여자들은 여왕의 카리스마와 왕비의 카리스마로 구분할 수 있다.

먼저 힘의 카리스마가 무엇인지 살펴보자면, 그것은 현대자동차 정몽구 회장이나 아널드 슈워제네거, 러시아의 푸틴 대통령 등이 가지고 있는 카리스마이다. 힘 있게 밀어붙일 줄 알고, 어딘가 모르게 사람들을 이끌며, "나는 남자다!"라고 온몸으로 말하는 듯한 사람들은 힘의 카리스마를 가지고 있다고 보면 된다. 부드러운 카리스마는 삼성 이건희 회장, 금호아시아나 박삼구 회장, 조지 클루니 등이 가진 카리스마이다. 그들은 힘

우리는 누구나
카리스마를 가지고 있다.

의 카리스마를 가진 사람들처럼 파워풀하지는 않지만, 타인을 부드럽게 어르고 달래서 이끄는 모습을 보여준다. 날카로운 카리스마는 이명박 전 대통령, 홍명보 전 축구 감독, 미국의 조지 워커 부시 전 대통령 등이 가지고 있는 카리스마이다. 날이 선 듯한 서늘한 모습이나 직선으로 뚝 떨어지는 카리스마를 가진 사람들이 여기에 속한다.

또한 여자들이 가지는 카리스마 중 여왕의 카리스마는 성주 그룹 김성주 회장, 독일의 앙겔라 메르켈 총리, 강부자와 같은 당당함과 무게감을 가진 여성들에게서 보인다. 군림할 것 같고, 지배하는 듯한 힘이 느껴지는 카리스마가 바로 여왕의 카리스마이다. 반면에 왕비의 카리스마는 그보다 부드러운 카리스마이다. 미국의 힐러리나 김혜자 같은 사람이 왕비의 카리스마를 가지고 있다고 하겠다. 지금 생각해보면, 앞서 말한 여성 CEO는 왕비의 카리스마를 가지고 있는 사람이었다. 이런 카리스마를 가진 사람의 경우 부드러움은 유지하되 힘 있는 모습을 보완하면, 더욱 효과적인 CEO의 이미지를 만들 수 있다.

카리스마는 개인이 가지고 있는 기운이기도 하지만, 사회적 지위와 필요에 의해 '가져야 하는' 카리스마인 경우도 있다.

예를 들어 대리 직급의 남자가 힘의 카리스마를 가지고 있다면, 그 사람의 사회생활이 어떨지를 상상해보자. 아마 동료들과는 갈등이 깊어질 것이고, 상사에게는 하극상의 전형이라는 낙인이 찍힐지도 모른다. 그러나 그가 본래 가지고 있는 힘의 카리스마를 다른 것으로 바꾸기란 매우 어려운 일이다.

단, 이미지 컨설팅을 통해 보완하고 다듬어 보다 나은 이미지를 갖추게 할 수 있다. 넥타이와 정장의 컬러를 바꾸어 부드러운 이미지를 더한다든가, 꽉 다물고 있는 입술의 힘을 풀고 미소를 머금게 함으로써 전체적인 인상을 바꾼다든가, 단답형으로 끝내버리는 말끝을 좀 더 길게 늘이거나 질문을 자주 하게 함으로써 대리라는 위치에 맞는 어법과 톤 앤드 매너를 갖추게 하는 것이다. 그리고 여기에 지적인 이미지와 똑똑해 보이는 이미지를 더하여, 주변 사람들이 "저 친구가 기본적으로 추진력이 있으면서 일도 참 똑똑하게 잘하네"라는 반응을 보이도록 그의 이미지를 변화시킬 수 있다.

우리는 누구나 카리스마를 가지고 있다. 그 카리스마가 무엇인지를 알고, 자신의 목표에 맞게 카리스마를 가꿀 때, 가장 완벽한 이미지가 만들어진다. 그리고 그 이미지로 인해 행복해질 수 있다.

# 회사가 원하는 이미지를 알아야 비즈니스에서 성공한다

## ● 성공하고자 하는 분야의 기업 분위기를 파악하라 ●

메이크업, 옷차림새, 말하는 방식, 목소리 톤과 문장 구사법, 그리고 한 개인의 행동 양상까지 많은 요소를 나타내는 이미지라는 말은 이미 익숙하게 쓰이고 있기 때문에 오히려 그것이 무엇을 뜻하는지 애매하게 느껴지기도 한다. 그래서 어떤 것을 이미지화할 때는 어쩔 수 없이 어느 정도 경험과 학습에 의해 구축된 선입관을 활용하게 된다.

예를 들면 이런 것이다. 긴 생머리에 머리띠, 활짝 웃는 웃음, 짧은 반바지나 플레어스커트를 주로 입고, 활용하는 컬러는 밝거나 파스텔 톤, 귀고리나 목걸이는 과하지 않고, 단화를 자주 신는 여자가 있다고 상상해보자. 이와 달리 반듯하게 자

른 단발머리, 입꼬리만 살짝 올리는 웃음, 긴 정장 바지나 라인이 드러나는 펜슬스커트, 주로 활용하는 컬러는 검정이나 흰색 혹은 과감한 빨간색이나 금색, 귀고리나 목걸이는 크고 화려한 것을 주로 사용하고, 하이힐 중에서도 앞이 뾰족한 스틸레토 힐을 고수하는 여자도 한번 떠올려보자. 이 두 사람 중 선한 역할과 악한 역할을 나누라면, 당신은 어떻게 정하겠는가?

한 가지 예를 더 들어보자. 한 남자는 과감한 오렌지 컬러나 파스텔 계열의 정장, 안에는 심플한 셔츠, 구두는 밝은 갈색이나 로퍼 종류를 주로 신고, 서류 가방보다는 가벼운 에코백이나 클러치백을 든다. 넥타이는 거의 하지 않고, 행커치프나 스카프를 소품으로 활용하는 편이다. 다른 남자는 짙은 회색이나 남색 정장을 주로 입고, 셔츠는 흰색이나 하늘색 종류만 고수하며, 다양한 커프스 버튼으로 포인트를 준다. 또 거의 솔리드 넥타이에 가끔 스트라이프 무늬를 선택하기도 한다. 구두는 검은색이나 짙은 갈색의 정장 구두만 신는다. 이 둘 중 대기업의 중견 간부는 과연 누구일까?

아마 당신은 선한 역할을 할 사람은 긴 생머리의 여자를, 대기업 중견 간부로는 회색 정장에 넥타이를 맨 남자를 골랐을 것이다. 그 누구도 주장하지 않고 증명하지 않았지만, 우리가 가지고 있는 이미지에 대한 선입관 때문에 자연스레 고를 수 있었을 것이다. 그렇기 때문에 오히려 이미지라는 것은 역으로 만들어낼 수도 있다. 자신이 원하는 목표를 정하고, 바로 그에 맞는 이미지를 스스로에게 적용하여 구축하면 된다.

국내 굴지의 기업인 SK그룹과 삼성그룹을 살펴보자.

SK그룹은 딱딱하고 경직된 이미지보다는 온화하고 로맨틱한 이미지가 강한 회사이다. 특히 임원들의 이미지는 감성적이고 부드러운 사람들의 비중이 높다. 반면에 삼성그룹은 정형화되고 차가운 이미지가 강하다. 임원들 역시 조직화되어 있고, 프로페셔널함을 강조하는 사람들의 비중이 높다. 혹자는 이렇게 이미지로 그룹의 성격을 나누면, 그것이 조직 문화와 관련이 있느냐는 질문을 한다. 나의 대답은 "그렇다"이다.

예전에 SK그룹에서 나에게 강의를 의뢰하고 확인 전화를 했는데, 내가 농담조로 깜빡하고 잊어버렸다고 대답한 적이 있다. 워낙 오래 알아온 담당자이고 내 스타일을 잘 아는 사람이라서 할 수 있는 농담이었다. 그런 상황에서 SK그룹은 나와 함께 놀라거나, 농담하지 말라며 웃는다. 담당자가 바뀌어도 응대하는 방식은 비슷하다. SK그룹은 전반적으로 로맨티스트적인 성향이 강한 곳이다. 부드럽고 인내심이 많으며, 지속력도 가지고 있다. 강한 인상을 주는 한 방은 부족하지만, 어투나 매너가 부드러운 사람이 많은 곳이다.

한편 삼성그룹에 똑같은 농담을 하면, 돌아오는 것은 길고 긴 침묵이다. 농담이었다고 수습을 해도 상대방은 진지하게 단문형 대답만 한다. 그들이 유머가 부족하거나 못 알아들어서가 아니다. 그런 농담이 통용되는 분위기에 익숙하지 않은 것뿐이다. 그러다보니 농담을 던진 나도 어색하고 불편해진다. 이런 응대 방식은 나를 알고 지낸 담당자이든 아니든 대개 비슷하다. 삼성그룹의 경우는 전반적으로 정확하고 차가운 이미지가 지배하는 곳이기 때문이다. 또한 합리적으로 보이면서도 보수적인 곳이고, 분명한 임팩트가 있다. 짧고 간결한 문장을 구사하는 까닭에 쌀쌀맞아 보이지만, 그만큼 핵심 내용을 정확하게 전달할 수 있다.

만약 성과지향적이고 냉철하며 단문 형식의 어법을 구사하는 사람이 구직을 한다고 생각해보자. SK그룹과 삼성그룹은 모두 대기업이고 훌륭한 기업이다. 이 사람이 양쪽 회사의 면접을 다 봤다고 가정했을 때, 과연 어디에 합격할 확률이 높을까? 아마도 삼성일 것이다. 로맨틱하고 엘레강스한 이미지의

SK에서는 구직자가 좋은 스펙과 능력을 갖추었다고 판단해도 그의 이미지가 자사의 전반적인 흐름과 맞지 않는다면 '아, 저 사람은 우리 조직에 어울리지 않아'라는 생각을 하기 마련이다. 입사하기를 원하는 회사에 맞추어 면접 의상을 준비하고, 이미지 컨설팅을 통한 이미지 메이킹을 하는 이유가 여기에 있다.

각 기업에서 요구하는 이미지는 자사가 추구하는 브랜드 이미지와도 관련이 있다.

예를 들어 SK텔레콤은 열린 마음, 멈추지 않는 행동을 기업 브랜드로 추구하고 있다. 그래서인지 복장이 자연스러우면서도 전문성이 묻어나는 로맨틱, 엘레강스 톤으로 맞추어져 있다. KT는 수수하고 보수적인 카리스마를 가지고 있어 보다 정형화된 복장을 지향한다.

혁신을 추구하는 삼성전자는 비즈니스 캐주얼을 지향하되 재킷과 드레스 셔츠를 갖추는 편이다. 같은 전자 분야라도 LG전자는 좀 더 자유롭다. 노타이 정장도 허용하고, 컬러 역시 무채색에서 벗어나도 상관없다. 구두도 정장용 구두뿐만 아니라 로퍼까지도 허용한다.

현대그룹의 경우는 계열사마다 성격이 다르기는 하지만, 반드시 결과를 보아야 하는 기업 성향이 있다. 금호아시아나는 전반적으로 상당히 세련된 카리스마가 흐르는 곳이다. 서비스를 중요시하는 곳이다보니 인간미가 가득하다. 조용하고 정확하게 움직여서 임팩트는 크지 않지만, 편안함을 준다. LG그룹도 마찬가지이다. 점잖고 신사적인 카리스마를 가지고 있다. 조용하고 역동적이지 않은 까닭에 임팩트가 크지는 않아도, 그 대신 세련된 느낌을 준다.

신뢰를 중시하는 금융계는 더 엄격한 편이다. 컬러도 파란색이나 남색 등 신뢰성을 더해주는 색을 주로 활용한다. 우리나라는 동일한 금융권이더라도 각 회사가 추구하는 이미지에 따라 요구하는 카리스마도 조금씩 다르다. 신한금융은 따뜻한 카리스마를 추구한다. 금융권 특유의 정확하고 냉정한 이미지와 더불어 친근함을 강조한다. 여름에 노타이 정도는 괜찮지만, 전반적으로 무늬가 없는 무채색 정장에 포인트가 되는 한두 가지 컬러로 정돈된 이미지를 만든다. 기업은행의 경우는 수수하고 정열적인 카리스마를 겸비한 반면, KB국민은행은 친근하고 따뜻한 카리스마를 가지고 있다는 부분에서 차이가 난다. 또 신뢰를 모토로 하고 있는 기업 이미지에 맞게 짙은 색의 한 벌 정장을 권장한다. 특이한 것은 넥타이 컬러를 기업을 상징하는 노란색으로 권장하고 있다는 점이다. 기업의 정체성을 만들기 위해 컬러를 적극적으로 활용하는 셈이다. 한편 하나은행은 젊은 이미지이다. 깔끔하고 정확하지만, 차가운 느낌도 준다. 그 대신 세련미를 가미해서 지나치게 냉정해 보이지 않도록 다듬어진 이미지를 가지고 있다.

현대카드는 신뢰, 전략과 실행, 다양성과 통합 등을 추구하는 기업 이미지에 맞게 단정하고 날렵한 이미지를 추구한다. 그래서 영업사원들에게 권장하는 옷차림은 위아래가 다른 색깔과 옷감으로 이루어진 콤비가 아닌 짙은 색의 한 벌 정장이고, 벨트와 구두까지 갖춘 전문성 있고 단정해 보이는 이미지를 지향한다.

증권사 중에서는 삼성증권이 가장 정확하고 보수적인 이미지를 고수하면서, 신뢰성 부분에 많은 공을 들이고 있다. 우리투자증권이나 하이투자증권은 편안하고 친근한 이미지를 가지고 있다는 공통점이 있지만, 확연하게 구분되는 차이점도 있다. 우리투자증권이 보수 성향으로 신뢰감을 구축하는 데 힘을 쏟는다면, 하이투자증권은 열정적으로 변화를 꾀하는 것에 더 치중하고 있다. 미래에셋은 정확하고 차가운 분위기로, 젊고 활동적인 이미지를 내세워 젊은 고객이 많이 찾아올 수 있는 기업 이미지를 구축한다.

보험사 역시 삼성생명이 가장 차갑고 보수적인 이미지를 가지고 있다. 반면에 신뢰와 보수를 지향하면서도, 인간적이고 정이 넘치는 부분을 놓치지 않으려고 하는 곳이 교보생명이다. ING생명의 경우는 변화가 많고 열정적이며, 활기찬 이미지를 가지고 있다. 푸르덴셜생명은 열정적인 이미지와 함께 보수적이고 신뢰감이 강한 전문적인 이미지를 구축하고 있는 곳이다.

또한 현대자동차는 지나친 개성이나 노출을 제외하고는 어느 정도 융통성이 있으며, 품위 있고 단정한 복장으로 보수적이면서도 열정적인 기업 이미지를 유지하려 한다. 기아자동차는 보수적인 동시에 신뢰를 중요시하고, 르노삼성자동차는 젊고 활동적인 이미지가 강하면서 차가운 카리스마를 가지고 있다.

가장 트렌드하게 움직이면서도 고급스러운 이미지를 가져가야 하는 백화점의 경우, 품위와 격식을 갖추되 강압적이지 않은 이미지를 추구한다. 신세계백화점은 이런 면을 부각시키기 위해 반드시 재킷을 착용해야 하고 깃이 있는 셔츠를 입어야 하지만, 하의는 청바지도 허용하고 있다. 롯데백화점의 직원 복장은 비즈니스 캐주얼이다. 청바지는 허용하지 않지만,

젊은 패션과 젊은 브랜드를 강조하기 위해 컬러는 밝은색도 허용하는 편이다. 그래서 남색이나 베이지 컬러의 면바지 정도는 착용이 가능하다.

기업에서 추구하는 이미지와 비슷한 사람이 먼저 눈에 띄고 승진하는 것은 당연한 일이다. 물론 같은 그룹이더라도 계열사에 따라 조금씩 다르다. 이와 더불어 또 한 가지 알아두어야 할 것은 사회적인 위치에 따라 갖추어야 하는 이미지가 존재한다는 점이다. 이처럼 이미지는 종횡으로 엮여야 하는 입체적인 것임을 기억하라.

회사마다 직원들에게 원하는 이미지는 조금씩 다르다. 각 기업들은 다른 업체들과 차별화되는 자사만의 분위기를 만들기 마련이고, 그에 따라 바라는 인재상과, 직원들이 갖추기를 원하는 카리스마도 각기 다르다.

입사하기를 원하는 회사의 면접에서 좋은 인상을 주기 위한 가장 좋은 준비 방법들 중 하나는 그 회사 앞에서 출근하는 직원들의 옷차림을 면밀히 관찰해보는 것이다.

어떤 컬러의 정장을 주로 입는지, 스커트 길이가 어느 정도 되는지, 허용되는 액세서리나 소품은 어느 정도 수준인지, 헤어스타일은 평균적으로 어떤지 등등 출퇴근 시간, 혹은 점심시간에 우르르 빠져나오는 사람들만 잘 살펴보아도 대략적으로 알 수 있을 것이다. 그리고 더 정확하게 알고 싶다면, 그 회사의 임원들이 어떤 스타일로 언론이나 대중 앞에 나서는지 체크해보는 것도 좋은 방법이다.

만약 이렇게까지 하지 않고 면접에서 좋은 결과를 내고 싶다면, 가장 중요한 점은 똘똘해 보이는 이미지를 보완하는 것이다. 지적인 면을 싫어하는 회사는 없다. 창의력을 중요하게 생각하는 회사라도 지적인 부분 없이 창의력만 보지는 않는다.

지적인 이미지를 만들 수 있는 가장 좋은 옷차림은 기본적으로 여자는 스커트 정장, 남자는 딱 떨어지는 정장 차림이다. 이너웨어의 경우, 컬러 콘트라스트(color contrast, 색상 대비)가 커질수록 더 선명하고 지적인 이미지를 만들어준다.

여자는 스커트 정장을 입을 때 원피스보다는 투피스를 선택하고, 회색이나 남색으로 고르는 것이 적합하다. 또한 화장이 진한 것보다 아이라인 정도만 선명하게 그리는 것이 좋다. 지나친 메이크업은 과유불급이다.

　남자는 와인색 계열의 줄무늬 넥타이가 신선한 느낌을 주고, 연두색은 화합의 느낌, 파란색은 신뢰의 느낌을 준다.

　마지막으로, 너무 자주 웃지 말고 눈에 힘을 주어라! 단, 상대방의 눈을 뚫어지게 바라보는 것보다 눈, 코, 입 등으로 조금씩 시선을 옮기며 대화하는 것이 효과적이다.

# 위치와 상황에 맞게
# 이미지를 선택하라



앞서 예로 들었던 것처럼 대리 직급의 카리스마는 힘의 카리스마여서는 안 된다. 힘의 카리스마는 파워풀한 카리스마이다. 그런데 요즘 대화형 CEO, 친근한 CEO에 대한 이야기가 많이 나오다보니 억지로 그런 이미지를 만들어내려다 역효과가 나는 경우가 종종 발생한다.

만약 자신이 힘의 카리스마, 강한 카리스마를 가지고 있다면 그 부분과 조화될 수 있도록 다른 요소를 행동과 스타일로 더하고 가꾸면 된다. 자기가 좋아하지 않는 것, 불편한 것을 억지로 할 필요가 없다. 억지로 해봐야 행복하지 않고, 금세 본래 모습으로 돌아가게 되어 오히려 주변 사람들을 혼란에 빠뜨릴 수도 있다.

　원칙적으로 나는 당사자가 원하는 컨설팅이 아니면 하지 않는다. 어쩌면 그 사람은 자신에게 이미지 컨설팅이 왜 필요한지에 대해서 이해하지도, 받아들이지도 않을 수 있다. 나는 강의에서조차 본인이 질문하지 않으면 답하지 않는다. 예를 들어 옆에 있는 사람이 "애 좀 지적해주세요" 하면 절대 그에 답하지 않는다. 누구나 아침에 집에서 나올 때는 '이 정도면 나갈 만해'라고 판단하고 나오는 것이다. 설사 머리에 까치집을 짓고 후줄근한 차림으로 나온 대리를 보며, 왜 저러고 다니나 싶을 수 있겠지만, 그래도 자신은 나올 만하다고 생각했으니 나왔을 것이다. 모든 사람이 집을 나서기 전 거울에 자신을 비춰보고, 스스로 생각했을 때 가장 괜찮은 모습으로 나온다는 점을 존중해주어야 한다. "화장 좀 하고 다녀라, 너"라고 말했는데, 알고 보니 비비크림을 꼼꼼하게 바르고 나왔다면? 엄청난 실례를 범한 것이다. 그것은 상처를 주는 말이다.

　지인 중에 벤츠 딜러가 있는데, 하루는 그가 고객의 컨설팅을 의뢰해왔다. 고마운 고객이라 선물을 하고 싶은데, 어떤 서비스를 할까 생각하다가 나를 떠올렸다고 했다. 벤처 기업의 사장인 그 고객은 재력가이고 왕성하게 활동하는 비즈니스맨이지만, 스타일이 너무 참담해서 안타깝다는 것이었다. 사실 나는 그 말을 듣고 망설였다. 본인이 원한 것이 아니기 때문이다. 조금 꺼려지기는 했지만, 결국 간곡하게 부탁하는 것을 뿌리칠 수 없었다.

그 후에 그를 만난 나는 보자마자 헉하고 소리를 낼 뻔했다. 40대의 젊은 CEO인 그 사람은 온몸을 명품으로 휘감고 있었는데, 위아래를 훑어보니 한눈에도 가격이 억대가 나왔다. 갈색 뱀피 벨트는 누구라도 브랜드를 바로 알아볼 수 있을 만큼 로고를 큼직하게 드러내고 있었다. 신발은 검은색의 명품 로퍼, 체크 무늬 셔츠에 요란한 패턴의 넥타이, 모두 값나가 보였지만 전혀 조화롭지 않았다. 그의 손목에는 백금에 다이아몬드가 두 줄 박힌 롤렉스가 번쩍였다. 그는 앉자마자 시계 자랑부터 했다. 사람들이 롤렉스를 스테인리스인 줄 아는데 사실은 백금이라면서.

그 CEO의 성격은 화통했다. 자기가 하는 사업과 옷 입는 스타일 등등을 거침없이 이야기했다. 옷차림에도 관심이 있어서 명품샵으로 직접 쇼핑을 가는 것도 즐긴다고 했다. 그런데 이미지 컨설팅은 필요 없다고 말했다. 역시나 그는 자신이 알아서 잘 꾸미고 있다고 생각하는 듯했다. 그가 운영하는 사업이 중국과 빈번하게 교류한다는 말을 듣고, 나는 "중국과 참 잘 맞으실 것 같아요"라고 대답했다. 이것은 사실이다. 중국인들은 약간 과장되어 보이는 장식을 선호하므로, 그의 스타일이 호감을 살 수 있다. 또 그는 중국 바이어를 만날 때에도 항상 그 시계를 자랑한다고 말했다. 나는 지금도 그가 그런 자신의 이미지를 그대로 유지하는 방법이 나쁠 것 없다고 생각한다. 물론 본인이 개선을 해야겠다고 느껴서 나에게 컨설팅을 의뢰한다면 말해주고 싶은 것은 많지만, 스스로가 만족하고 있다는 것이 가장 중요하다.

스스로 만족하고, 자신의 일에 방해받지 않는다고 생각한다면, 굳이 자신의 이미지를 만들거나 찾을 필요가 없다.


한번은 이런 일이 있었다. 청바지를 즐겨 입는다는 보험설계사가 나에게 자신이 입고 다니는 청바지를 정장으로 바꿔야 하느냐고 물었다. 나는 "그냥 입으세요"라고 대답했다. 청바지를 좋아해서 매일 그 옷을 입었고, 또 그것을 입고도 영업을 잘했다는데 굳이 바꿀 필요가 없지 않은가. 나는 그 대신 재킷을 반드시 함께 입으라고 조언했다. "청바지를 입고 싶다면, 재킷

이미지 컨설팅은
자신의 이미지 개선에
필요를 느끼는 것에서부터 시작한다.

을 입고 그 안에 셔츠를 입으세요. 그러면 청바지를 입더라도 정장 느낌이 나기 때문에 고객에게 더 전문가다운 모습을 보여줄 수 있습니다.” 내 말을 듣는 순간 그의 얼굴이 일시에 환해졌다. 자신이 좋아하는 것과 편안해하는 것을 바꾸거나 포기하지 않고도, 보완을 통해 원하던 ‘전문가 이미지’를 만들 수 있는 팁을 얻었기 때문이다.

앞에서 보았듯이 자기 사업을 하고 있는 CEO이거나 전문직인 경우에는 자기가 가지고 있는 이미지에 대한 고집과 어느 정도 타협할 수 있는 여지가 있다. 그런데 문제는 기업에 소속된 사람들이다. 아무래도 여러 사람이 모이고, 그 안에서 협력과 경쟁이 일어나는 곳이다보니, 자신의 이미지를 만들어내는 것이 당장의 업무 만족도와 승진 등 미래 가치에 영향을 끼칠 수밖에 없다. 따라서 기업 안에서의 이미지 컨설팅은 반드시 그 기업의 이미지와 부합되어야 한다.

강한 힘의 카리스마를 가진 대리는 환영받지 못하지만, 부드러운 카리스마에 완벽함을 더한 대리는 일 잘하는 루키로 주목받을 수 있다. 이와 반대로 부드러운 카리스마만 있는 사람이 관리직이나 임원직에 오르면 끊임없이 통솔력과 추진력에 대한 의심을 받게 되므로, 이럴 때는 힘의 카리스마를 더해 강력한 리더의 모습을 보여주어야 한다.

또 이런 경우도 있었다. 언젠가 나는 모 전자회사 협력사의 과장급을 대상으로 강의를 했다. 120명의 수강자들에게 강의를 끝내고, 한 명씩 퍼스널 컨설팅에 들어갔다. 가장 마지막에 질문을 한 사람은 처음부터 자꾸 눈에 띄던 인물이었다. 풍채도 있었지만, 의자에 한껏 기대어 상체를 젖히고 앉아 있는 모습이 흡사 대기업의 회장처럼 보였다. 나는 '아니, 무슨 과장한테 저런 모습이 있나'라는 생각을 하며 강의를 마친 터였다.

그리고 개인적으로 컨설팅에 들어갔을 때, 그는 나에게 자신의 이미지가 어떻냐고 물었다. "왜 이렇게 강하세요?"라는 나의 물음에 그는 웃으며 자신의 고민도 바로 그 점이라고 말했다. 그는 회사 대표의 아들이며, 경영 수업을 받는 중이라고 했다. 그런 그의 고민은 카리스마가 너무 강해서 큰일이라는 것이었다. 또 앞으로 경영을 맡아서 해야 하는데, 어떻게 직원들을 대해야 할지 걱정이라는 말도 덧붙였다. "어차피 경영을 맡으실 분이면, 그 카리스마는 유지하세요. 대신 직원들과 일대일로 많이 만나세요." 나는 그렇게 직원들과 술도 마시고, 저녁도 사주라고 조언했다.

강한 사람이 다른 사람과 단 둘이 만나면, 오히려 더 좋은 영향을 미칠 수 있다. 둘만 있기 전에는 상대방이 카리스마가 강한 사람에게 가까이 가기를 매우 어려워한다. 그러므로 미리 개별적으로 부드러운 이미지를 만들어놓으면, 자신의 강함을 유지하면서도 보완할 수 있다.

이처럼 위치와 상황에 따라 기업 내에서도 자신의 카리스마는 달라질 수 있다. 다음을 한번 생각해보자.

'나는 지금 내 위치에 맞는 카리스마를 가지고 있을까? 어떤 보완이 필요할까?'

이미지 컨설팅은 이렇게 자신의 이미지 개선에 필요를 느끼는 것에서부터 시작한다.

## 파티와 모임에서 단연 돋보이는 이미지 연출법

우리나라도 예전과는 많이 달라져서 파티나 모임이 굉장히 활성화되어 있다. 특히 연말연시는 각종 모임과 파티로 하루가 멀다 하고 사람들을 만나야 하는 경우가 많다. 문제는 그런 모임이 할로윈처럼 복장을 아예 특이하게 입는 것으로 정해진 날이거나, 컬러별 드레스 코드가 정해져 있는 파티가 아니라는 점이다. 이런 파티는 차라리 편하다. 하라는 대로 맞추면 되기 때문이다.

그러나 일반적인 모임일 경우, 입었던 옷을 그대로 또 입기는 그렇고 매번 새로운 아이템을 사자니 경제적인 부분도 무시할 수 없다. 그러므로 하나의

기본 복장을 정해두고 소품을 활용하는 등 약간의 변화를 주면서 다양하게 연출하거나, 색깔의 배치에 신경쓰는 것이 다른 참여자들과 구별되는 복장 활용법이다.

- 파티나 디너 모임에서는 검은색 정장을 100퍼센트 활용하자! 안에 흰색 셔츠를 입으면 가장 단정해 보이는 모습을 연출할 수 있다. 대부분의 모임이 앉아서 대화를 나누는 경우가 많으므로, 될 수 있는 대로 상의와 재킷에 포인트를 주는 것이 중요하다. 와인색, 아이보리, 보라는 검은색, 회색, 베이지 등의 기본적인 색과 어울렸을 때 색다른 느낌을 주는 컬러이다. 특히 여성은 단색 원피스에 진주나 금속 목걸이로 포인트를 주고, 정장은 코르사주를 활용하도록 하자. 여성스러움을 강조한 플레어스커트에는 니트 카디건 등을 매치해서 부드럽고 여성스러운 이미지를 만드는 것도 좋다.
- 부부 동반 모임이라면, 커플룩 느낌을 주는 것도 세련되어 보인다. 남편이 검은색이나 짙은 회색 정장에 밝은색 셔츠나 넥타이를 매치했다면, 아내도 검은색 스커트 정장에 남편의 넥타이, 혹은 셔츠 색과 맞는 화려한 스카프를 매치하는 식이다.

파티복이라고 해서 반드시 화려해야 한다거나 늘 새로울 필요는 없다. 자신의 옷장 안에 있는 옷들과 소품들을 충분히 활용하는 것이 훨씬 더 지혜롭고 편하게 그 시간을 즐기는 방법이다.

# 장기적인 변화로
# 카리스마를 더하라

**● 불편한 변신은 사람을 광대로 만들지만,
카리스마는 그를 매력적으로 만든다 ●**

누구나 자신의 모습에 불만을 가진다. 그런데 상당히 많은 사람이 그 모습을 개선하기 위해 단편적인 방법을 이용한다. 살을 뺀다거나 혹은 찌우려고 애를 쓰고, 화장법이나 미용실을 바꾼다. 다른 스타일의 옷을 사보기도 하고, 평소 들지 않는 가방을 선택하기도 한다. 그런데 이런 단편적인 시도는 한 가지를 남기고 흐지부지 사라진다. 바로 불편함이다. 이렇게 코디네이터의 영역으로 실행될 수 있는 것들은 이미지를 바꾸는 데 근본적인 한계가 있다. 쉽게 말해 집에 와서 세수하고 평퍼짐한 잠옷으로 갈아입고 나면 도로아미타불이 되는 것이다.

모 기업에서 차장과 부장급 직원들의 외관을 확 변신시켜 사진을 찍은 후, 사무실에 걸어놓은 것을 본 적이 있다. 그날 나는 컨설팅의 첫 요구사항으로 그 사진들을 다 떼어버리라고 말했다. 그것은 단순한 이벤트이지 컨설팅이 아니며, 이미지의 변화는 더더욱 아니다. 말 그대로 "어? 우아! 이렇게 변했네? 자, 그럼 다시 내 모습으로 돌아가볼까?" 하는 일회성 이벤트에 지나지 않는 것이다.

이미지 컨설팅을 통한 변화는 지속적이고 장기적이다. 이를 통해 자신의 목표에 따라 스스로의 모습을 조금씩 수정하며, 긍정적으로 변화시킬 수 있다. 다시 말해서 자기 고유의 카리스마를 획득해나가는 것이라 하겠다.

일반적으로 회사에서 과장 정도의 직급에게 바라는 카리스마는 완벽과 합리의 카리스마이다. 과장의 위치에서는 맡은 업무를 제대로 해내는 이미지가 필수적이다. 그런데 부장급으로 승진을 하면, 포용력의 이미지가 더해져야 한다. 즉 부드러운 카리스마, 힘의 카리스마가 더해져야 그 위치에 걸맞은 사람으로 인정받을 수 있다. 그다음으로 이사나 CEO가 되면, 그때는 자신이 원하는 대로 선택할 수 있다. 기본적으로 힘의 카리스마를 가지고 있을 때는 부드러운 카리스마를 더하면 되고, 부드러운 카리스마를 가졌을 때는 힘의 카리스마를 더하면 된다. 라인이 다른 옷을 입거나 컬러 사용의 변화로도 원하는 이미지를 보여줄 수는 있지만, 후천적 카리스마를 만드는 것은 다방면에서의 이미지 컨설팅이 필요하다.

몇 년 전에 이미지 컨설팅을 의뢰했던 한 그룹의 임원은 누구나 인정하는 일 중독자였다. 그는 40대 초반에 이미 대기업의 임원에 오를 정도로 성과 중심의 삶을 치열하게 살아온 사람이었다. 그런데 어느 날부터 그 임원은 조직 내의 자기 모습에 뭔지 모를 불편함을 느끼기 시작했다. 자신이 달려가면 함께 뛰어오며 일을 뒷받침해주어야 성과가 날 텐데, 혼자서만 전력 질주하고 있음을 느낀 것이다. 그러다보니 본인의 리더십에 의문이 생겼고, 자신의 이미지에 대해 고민이 생겼다고 한다. 내가 상담을 하면서 깨달은 것은 그의 독선적인 천재성이었다. 그는 외로울 수밖에 없는 힘의 카리스마로 단단히 뭉쳐진 사람이었다.

나는 일단 기본적으로 컬러의 활용과 옷 입는 스타일에 대한 조언을 해주고, 마지막으로 가장 중요한 팁 하나를 알려주었다. 당시 그의 사무실은 직원들과 공간이 나누어져 있었다.

이미지 컨설팅을 통한 변화는
지속적이고 장기적이다.

사무실에서 엘리베이터까지 가는 방법은 두 가지였는데, 효율적인 지름길과 직원들 사이를 거쳐서 가야 하는 조금 먼 길이었다. 당연히 그는 늘 훨씬 빠른 지름길을 사용하곤 했다. 나는 그에게 직원들 사이로 가는 길을 통해 엘리베이터를 탈 것을 권했고, 거기에 한 가지를 더 요구했다. 사무실 앞에 붙어 있는 '오늘의 생일'에 해당하는 직원에게 사적으로 한마디씩 건네라는 것이었다. 강직한 힘의 카리스마를 가지고 있는 그였기에 직원들로 하여금 '어? 이 사람이 이런 모습도 있어?'라는 생각을 하게 할 만한 부드러운 모습을 더해줄 팁이었다.

대학 총장 선출을 앞두고 4개월간 나에게 이미지 컨설팅을 받은 교수님은 60대였다. 60대는 '변화', 특히 자신을 변화시키는 데 결코 쉽지 않은 연령대이다. 게다가 교수직 자체가 변화에 민감하지 않은 직종이라고 할 수 있다. 처음에는 '과연 변할 수 있을까?'라는 의심으로 시작했는데, 막상 시작하자 그의 변화하는 속도는 젊은 사람보다 빨랐다. 전에 한 번 총장직에 도전했다가 쓴맛을 본 그가 당시 주변에서 들었던 피드백은 지나치게 냉정하다는 평가였다. 그는 자신의 그런 면을 바꾸려고 스스로 노력했지만 잘되지 않았고, 전문가의 도움을 받고자 나에게 의뢰를 해온 터였다.

대부분 50대 이상의 사람들은 스스로 의뢰해오는 것보다 몸 담은 회사의 홍보실 같은 곳에서 의뢰를 하는 경우가 많다. 이것이 뜻하는 바는 본인이 변하고 싶어 한다기보다, 회사가 추구하는 이미지와 필요에 의해 변화를 시도해야만 하는 상황이 닥쳤다고 볼 수밖에 없다. 그런데 흔치 않게 그 교수는 자신의 의지에 따라 직접 의뢰를 했고, 스스로 변화에 대한 열망도 강했다. 그리고 실제로 놀랍도록 빠른 시간에 변했으며, 컨설팅 후반부에는 동료 교수가 깜짝 놀랄 정도로 바뀌어 있었다.

내가 그에게 요구한 것은 아주 작은 부분들이었다. 그는 전화 통화를 할 때에도 용건만 재빨리 말한 뒤 "네" 하고 끊어버리는 스타일이었다. "교수님, 그러지 마시고 '좋은 날 되세요' 같은 말씀도 해보세요." 나는 그와 통화할 때면, 일부러 먼저 부드럽게 말을 건넸다. "교수님, 안녕하셨어요? 오늘 날씨가 참 좋죠?" 이렇게 부드럽게 말문을 열면, 그는 금세 그것을 받아들였다. 그리고 그다음 통화에서는 그가 먼저 부드럽게 말을 건넸다. "더운데 잘 지내셨어요?"라고 말이다.

그 외에 컬러는 좀 더 부드러운 것으로 이용하고, 첨단 기기와 수첩을 같이 활용해서 고루하지 않으면서도 정서적으로 안

정된 신구 조화의 이미지를 가져가는 것이 좋겠다는 컨설팅을 했다. 자세 역시 뒤로 젖힌 모양새가 아니라 살짝 앞으로 숙여 상대방과 친밀도를 높이는 거리를 유지하라고 말했고, 헤어스타일은 스포츠머리처럼 짧은 것이 아닌 살짝 길게 잘라서 로맨틱한 이미지를 더하도록 했다. 거기에 안경은 금속으로 된 네모난 것 말고, 뿔테로 약간 둥근 모양을 사용하라고 권했다. 또 의상은 헐렁하게 배 위로 끌어올리는 것이 아니라, 적당하게 몸에 붙되 불편해 보이지 않는 것으로 코디하라고 조언했다.

사실 고위직 중년 남성을 권위적으로 보이게 만드는 강력한 요소들 중 하나가 자세이다. 대화를 할 때 상체를 뒤로 젖히거나, 한쪽 팔을 의자 머리에 걸치는 식의 자세를 하는 중년 남성이 많다. 남자들은 보통 심리적인 우위를 과시하고 싶을 때 자기도 모르게 몸을 부풀리는 자세를 취하곤 한다. 마치 공격에 나서는 사자가 상대에게 갈기를 펼쳐 보인다든가, 독수리가 상체를 부풀리는 것과 비슷하달까.

어깨에 힘을 잔뜩 주고 고개를 꼿꼿이 펴는 자세는 조금 과하게 말하자면 "내가 왕이야"라는 것을 주입하고 싶을 때 나온다. 사장 앞에서 상체를 젖히고 한쪽 팔을 의자에 턱 걸치고 앉는 신입사원을 본 적이 있는가? 이런 젖힌 모습은 우위에 있는

사람이 보일 수 있는 자세이다. 또 우위를 과시하고 싶은 심리가 있는 사람이 흔히 취하는 자세이기도 하다. 그런데 그것이 몸에 배어 있는 경우, 권위적인 이미지를 떨칠 수가 없다. 전과 다르게 보이고 싶다면, 변해야 한다. 권위적이고 딱딱해 보이는 이미지가 싫다면, 그런 자세부터 바꾸어야 한다.

웃는 얼굴이 차가운 이미지를 중화시키고, 부드러운 이미지를 강화해주는 것은 분명하다. 그러나 육십 평생을 잘 웃지 않고 살아온 사람이 갑자기 웃는 얼굴을 한다는 것이 얼마나 어려운 일이겠는가. 잠깐 노력해서 웃음 지을 수는 있겠지만, 평상시에도 부드럽게 웃는 얼굴을 유지하기란 어렵다. 그래서 나는 그 교수에게 웃으려고 노력하지 말고, 자세를 바꾸어보라고 권했다. "자세를 앞으로 기울여보세요."

회의석에 앉을 때, 팔을 책상에 놓고 앞으로 기울인 자세를 취하면 더 부드러워 보인다. 또 상대방의 말에 경계하는 것이 아닌 경청하려는 자세로 보여 편안한 인상을 줄 수 있다. 그는 나의 조언을 곧바로 받아들였다. 그리고 원하던 총장이 되었다.

누구나 카리스마를 가지고는 있지만, 대부분은 자신이 가진 카리스마를 잘 모를 뿐더러 어떤 카리스마를 가져야 하는지도 알지 못한다. 겉모습의 이미지만 단발성으로 바꾸어서는 백날 해봐야 소용없다는 것도 깨닫지 못한 채 말이다. 카리스마는 타인으로 하여금 나를 따르고 싶게, 그리고 나와 함께하고 싶게 만드는 진정성을 불러일으키는 도구이다.

# chapter 2

# 카리스마의 힘

카리스마는 한 사람이 가진 매력이다.
경력 쌓기보다 중요한 것은
자신만의 카리스마를 찾고, 보완하고, 완성하는 일이다.

# 32세
## 청춘의 허리인 당신

처음 입사한 회사에서 쉬지 않고 3년을 달려왔다. 이상하고 무능한 선배 아래에서 심장이 조여드는 것처럼 괴로운 시간도 보냈고, 무뚝뚝한 줄만 알았던 김 부장이 무심하게 툭 어깨를 두들기며 던진 "잘하고 있어. 그러니 너무 애쓰지 않아도 괜찮아"라는 말에 화장실 제일 안쪽 칸에서 30분을 꺼이꺼이 울었던 기억도 있다.

그렇게 내 이름 석 자도 까먹을 정도로 바빴던 시간이 지나고 나니, 어느 순간 매너리즘이 찾아왔다. 무언가 전환점이 절실했고, 도약할 기회가 필요했다. 문득 대학 시절 6개월 동안 아르바이트를 해서 번 돈을 탈탈 털어 무작정 떠났던 배낭여행이 떠올랐다. 말도 통하지 않고 경험도 없어서, 매 순간이 모험이고 위기이자 기회였던 그때가 말도 못하게 그리워졌다.

그렇게 밀려오는 그리움을 애써 막았던 것은 '이미 늦지 않았을까?'라는 의문과 이후의 삶에 대한 불안감이었다. 그러나 그보다 더 나를 강하게 움직였던 것은 도전의식이었다.

"어차피 인생의 3분의 1 밖에 안 산거잖아. 앞으로 시간은 많아. 그러니 더 늦기 전에 해보자."

과감하게 사표를 내고 세계지도를 펼치며 아주 오랜만에 가슴이 설레는 것을 느꼈다. 부모님은 어이가 없는 표정으로 며칠 동안 말도 하지 않으셨고, 친구들은 걱정 반 부러움 반으로 나의 선택을 비난하거나 지지했지만, 중요한 것은 나의 행복이었다.

그 후 3년 동안 다양한 사람을 만났다. 많이 배우고, 많이 느낀 시간이었다. 3년간 하루하루가 낯선 것들의 연속이었다. 나는 수많은 변화와 배움 속에 홀로 고요히 부유하고 있는 자신을 발견했다. 어쩌면 그저 그런 어른이 되는 과정을 답습하지 않기 위해 스스로를 미지의 세계로 몰아붙였던 것인지도 모르겠다.

사람의 일생을 몸에 비유하자면, 32세의 나는 튼튼한 척추가 되어야 하는 위치이다. 이 시기에 많은 사람이 이대로 살다가는 흐물흐물 무너질 것만 같다는 위기의식을 느낀다. 그래서 선택한다. 튼튼한 정신의 줄기를 잡을 마지막 기회라는 생각에. 또 자신의 삶을 잘 꾸려나가기 위해 과감하게 쉼표를 찍어주어야 하는 시기라는 믿음으로.

모두가 그렇게 한 번의 터닝 포인트를 맞이한다.


당신은 32세.
인생의 터닝 포인트 앞에 선 젊음.
그 누구보다 자신의 삶을 고민하고 또 고민하는 당신은 아름답고 치열한 청춘이다.

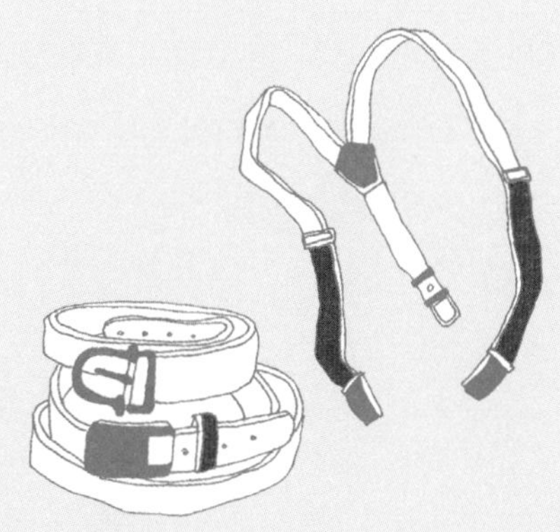

# 32세, 인생을 지배할 카리스마를 만들 나이



"당신의 카리스마를 만들기 위해서는 32세가 기점입니다."

이 말을 들은 사람들은 크게 두 종류의 반응을 보인다.

32세 이전의 사람들은 "아, 다행이다. 그런데 어떻게요?"라는 반응이고, 32세 이후의 사람들은 "아, 망했다. 나이 드는 것도 서러운데 이런 것도 나이 제한이 있나요?"라는 반응이다.

사실 내가 강조하고 있는 '32세'는 물리적인 나이 한계선이 아니다. 일반적으로 20대가 자신만의 카리스마를 가지기란 매우 드문 일이다. 그 시기의 사람들은 자신의 정체성을 파악하는 것이 어렵고, 사회적으로 어떻게 타인을 만나고 대처해야 하는지, 또 그들을 어떤 방식으로 응대해야 하는지도 잘 모른다. 누군가가 시키면 시키는 대로, 하라면 하라는 대로 끌려가다 30대에 들어서야 비로소 자신의 위치와 장단점에 대해 생각하고 고민할 수 있는 심적, 정서적, 이성적 여유를 얻는다.

아주 드물게 20대에 카리스마를 가지고 있는 사람들도 있다. 문제는 그들이 대부분 외롭다는 것이다. 주체할 수 없이 발산되는 카리스마 때문에 주변에 사람이 없다. 그들은 '차가워 보인다, 세 보인다, 도도해 보인다, 냉정해 보인다' 등등의 수식어를 달고 산다. 그런데 묘하게도 그런 사람들과 이야기를 나눠보면, 100명 중 99명이 뚜렷한 목표를 가지고 산다. 예를 들어 3년 뒤에는 어떤 자리, 10년 뒤에는 어떤 위치에 가겠다는 자신만의 목표가 확고하다. 이렇듯 목표가 확실하니 남들의 평가는 크게 신경쓰지 않고, 자신만의 분위기를 고수할 수 있는 것이다.

나는 그런 사람들을 만나면, 본인이 가지고 있는 원래의 카리스마와 더불어 나이와 위치에 맞는 카리스마를 보완하는 방법을 알려준다. 칼바람이 씽씽 부는 듯한 분위기의 차가운 20대 여직원에게는 미소를 띤 얼굴과 부드러운 컬러를 권하는 식이다. 특히 상사나 거래처 사람들을 만날 때, 또는 계약상의 갑을 만날 때는 반드시 부드러운 카리스마를 보완해야 하는데, 그들은 의외로 자신의 매력 포인트를 잘 알고 있다.

반면에 대다수의 사람은 본인의 매력에 대한 자신감이 없다. 나이가 어릴수록 더욱 그렇다. "자기가 매력적이라고 생각하는 사람은 손들어보실래요?" 나는 강의에 들어가 종종 이런 질문을 한다. 그러나 갓 대학을 졸업한 20대들이 가득한 곳에서 이 질문을 하면, 백이면 백 아무도 손을 들지 않는다. 서로 쑥스러운 눈웃음만 지을 뿐이다. 젊음만으로도 반짝반짝 빛나는 그 청춘들은 자신의 매력을 잘 모르고 있다.

똑같은 질문을 30세 이상이 참석한 강의에서 해보면, 좀 다른 반응이 온다. 꽤 많은 사람이 손을 든다. 그들은 눈에 확 띄는 외모의 소유자가 아니다. 동료들의 짓궂은 야유도 들린다. 그러나 손을 든 사람들은 눈빛에 자신감이 차 있다. 오히려 그런 자리에서 쇼맨십을 발휘하며, 찰나에 자신의 매력을 어필하고 좌중을 웃기는 사람도 있다.

분명 조금이라도 더 젊고 뽀얀 20대, 여전히 재기 발랄하다는 말이 어울리는 그들이 더 매력적일 수 있다. 객관적으로 보아도 앉아 있는 그 자체만으로 환해 보이는 대상은 30대보다는 20대이다. 그러나 안타깝게도 그들은 진정한 자신의 매력을 모른다. 아니, 속으로는 알아도 그것을 드러내야 하는지 말아야 하는지 망설인다. 아직 자신만의 이미지를 만들기 전이라 무언가 또렷하게 피어오르지 않는 것이다.

사람들은 30대를 넘어설 때 비로소 자신의 정체성에 대해 생각한다. 누군가는 자신이 키는 작지만 리더십이 있다는 것을 알게 되고, 다른 누군가는 얼굴로는 시선을 받을 일이 없지만 뛰어난 유머 감각 덕분에 말만 하면 주목받는다는 것도 안다. 셔츠를 입었을 때 더 예쁜지, 블라우스를 입었을 때 더 예쁜지도 30대가 되어서야 확실하게 알 수 있다. 이렇듯 자신을 객관적으로 볼 수 있는 나이가 서른 즈음이다. 또 '나는 어떻게 살고 싶다'는 생각을 해보는 것도 이 시기이다. 그리고 이른바 임원과 평직원의 '싹'이 갈리는 나이, 그때가 바로 32세 무렵이다.

그래서 나는 강의를 할 때, 대리급의 참석자들에게 가장 어려움을 느낀다. 성공해보겠다고 마음먹는 것도 30대 초반, 포기하고 자신을 놓아버리는 것도 30대 초반이다. 그때까지는 누구나 다 노력한다. 또 누구나 비슷한 가능성을 가지고 있다. 30대 이전에는 자신의 미래에 대한 꿈을 꾸며, 한 번의 도약은 있을 것이라고 믿는다. 문제는 그때까지 카리스마가 만들어지

사람들은 30대를 넘어설 때
비로소 자신의 정체성에 대해
생각한다.

지 않는다면, 하루하루 버텨내기에도 힘든 시간이 기다리고 있다는 것이다. 그러다보니 편안하게 살아남는 길만 찾게 된다. 야심을 가지고 더 높은 곳을 보장받느냐, 그저 생존을 위해 버텨야 하느냐. 비슷비슷한 가능성을 가진 상황에서 자신만의 방향을 설정하고, 그것이 결정되는 시기가 바로 30대 초반이다.

모 결혼정보회사에서는 초혼 여자 나이의 상한선을 32세로 잡는다는 소리가 있다. 잔인하지만 32세까지를 상품성을 보장받는 나이로 보는 것이다. 또 누군가는 우스갯소리로 이런 말을 하기도 한다. 모 아이스크림 브랜드에서 31개의 맛을 내놓는 것은 그 이후의 숫자는 셀 필요도 없기 때문이라고.

직시하자. 32세는 깎이는 시기이다. 이제 세상의 거친 바람을 맨몸으로 받아들여야 한다. 당신은 32세까지 카리스마를 완성시켜야 한다! 남은 인생에서 자신이 세상의 중심이 되어 살아가고 싶다면, 직장을 옮기기 위해 이직 공부를 하거나 외국어 실력을 높이기 위해 학원을 다니는 것이 중요한 일이 아니다.

내가 중심이 되면, 나를 가운데 두고 작은 세계들이 만들어진다. 자영업을 해도 그렇고, 프리랜서로 독립을 해도 마찬가지이다. 인생의 척추를 세워주는 것이 바로 카리스마이다. 그렇다면 이런 카리스마를 32세에 완성하기 위해 어떻게 해야 할까? 20대 때부터 차근차근 준비해나가는 것이 필수적이다. 한 사람의 이미지는 하루아침에 만들어지는 것이 아니기 때문이다.

이미지 컨설팅을 할 때, 가장 곤란하면서도 빈번하게 일어나는 문제는 코앞에 닥쳐서 바꾸어야 하는 사안들이다.

예를 들어 청문회를 앞두고 장관 후보자들로부터 들어오는 컨설팅 의뢰가 그러하다. 최대한 좋은 이미지를 가지고 청문회에 나가야 하기 때문에 변하고자 하는 그들의 의지는 매우 강하다. 그래서 수정해야 할 점들을 말해주면 금세 받아들인다. 그러나 여기에는 슬픈 한계가 있다. 의뢰가 들어오는 시점이 고작 청문회 일주일 전이나 열흘 전이라는 사실이다. 게다가 그들의 나이는 대부분 50대 이상이다. 한평생 뼛속까지 스며들어 있는 습관들을 그렇게 짧은 시간에 고치기는 당연히 어렵다. 더군다나 청문회는 극도의 긴장감이 감도는 자리이다. 단기간에 머릿속으로 익힌 행동을 어느 정도 연출할 수는 있지만, 당황하는 순간에는 흐트러지기 마련이다. 아차 하는 순간, 본래의 습관이 나오고 만다. 공기업 회장의 경우도 취임 일주일 전에 컨설팅 요청이 온다. 언론의 주목을 받는 바로 그 순간만을 대처하기 위한 '벼락치기'이다.

장관 후보자들 중에는 전혀 예상하지 못한 채 지명을 받은 사람도 있기는 할 것이다. 그러나 대부분의 경우에는 그 정도의 위치에 올라갔다면, 이미 그런 꿈은 꿔보지 않았을까? 그런데 왜 미리 준비하지 못할까? 꿈은 있으면서도 그 순간을 계획하지 않기 때문이다. 꿈은 참으로 중요하다. 나는 지금도 매년 1월이면 한 해 동안 하고 싶은 일들을 수첩 앞에 쓴다. 별것 아니게 보이는 바람들을 나의 목표로 적어놓는 것인데, 그마저도 하지 않는 사람들이 많은 듯하다.

한 사람의 행적이 곧 이미지가 된다는 사실을 기억하자. 그리고 그것을 32세 이전부터 염두에 두고 있어야 한다는 점도 잊지 말자. 줄줄이 낙마하는 장관 후보자들을 보면 참 서글프고 안타깝다. 정치적인 면이나 공약이 지닌 한계를 말하는 것이 아니다. 이런저런 사소해 보이는 문제들로 인해 장관직에 오르지 못하고 낙마한 사람들의 잘못은 단 하나이다. 그들은 미리 자신의 인생을 준비하지 못했던 것이다. 과연 그들이 자신의 인생에서 잘못한 점이 있다고 생각했을까? 아마 지금도 잘못이라고 생각하지는 않을 듯싶다. 그들의 실수는 바로 자신이 장관이 되리라는 생각을 하지 못했던 것에 있다.

자기의 꿈이 얼만큼 이루어질 것인지 미리 생각하면서 인생을 산다면, 앞으로 많은 면에서 달라질 것이다. 또한 나는 당신이 스스로 어디까지 가고 싶은지 그 마지노선도 생각하면서 살아가기를 바란다. 내 또래의 직업군인 친구들 중에 미리미리 별을 달 준비를 하는 사람들이 있다. 그 친구들은 불법 주차나 과속으로 과태료를 내는 것까지 극도로 조심한다. 혹시 위반했다고 하더라도 벌금을 제날짜에 제대로 낸다. 어떤 세금도 밀리지 않고 정확히 내는 것은 물론이다. 그들은 빈틈없이 자신의 꿈과 목표를 위해 준비를 하고 있다. 자신의 미래를 위해서. 이렇게 당신도 자기 인생의 이미지를 만들어가야 한다.

꿈을 꾸고 목표가 생겼다면, 그때부터 이미지도 함께 만들기 시작해야 한다. 카리스마는 그렇게 서서히 쌓여가다가 당신의 갑옷이 되고, 무기가 되는 것이다.

# 첫인상은 3초가 아닌 20분 동안 만들어내는 것이다

**● 첫인상이 좋지 않은 것이 콤플렉스라면, 오늘 당장 극복할 수 있다 ●**

우리는 살면서 수많은 사람을 만난다. 그리고 그중에는 분명 3초 정도는 당신과 눈을 마주친 사람들이 있을 것이다. 지하철 역 앞에서 전단지를 받았다면, 그것을 나눠주는 사람의 눈을 한 번 보고, 순식간에 전체 모습을 훑고, 다시 전단지를 받아들면서 3초는 흘렀을 것이다. 지하철이나 버스를 탔을 때도 맞은편에 앉은 사람이나 앞에 서 있는 사람을 적어도 3초 이상은 보았을 것이다. 그렇다면 혹시 그들의 '인상'이 완벽하게 기억나는지를 생각해보자. 긴가민가하면서 고개를 갸우뚱거리게 될 것이다.

'첫인상은 3초 안에 결정된다'는 것이 우리가 일반적으로 알고 있는 첫인상의 법칙이다. 앞서 말한 것처럼 3초는 그리 긴 시간이 아니다. 눈 한 번 맞추고, 머리끝에서 발끝까지 쓱 훑으면 끝나는 순간이다. 3초는 전단지 하나를 받아 드는 시간이며, 스치듯 맞은편 사람을 바라보는 시간이다. 그 짧은 시간에 당신은 정확히 상대방을 파악했다고 확신할 수 있는가? '눈이 길게 찢어졌으니 저 사람은 성격이 별로 좋지 않을 거야', '뚱뚱한 걸 보니 게으르겠어', '옷이 촌스러운 걸 보니 사람이 고리타분하겠네' 등등 이런 생각들은 첫인상이라는 세 글자가 주는 가장 큰 오류이다.

보통 3초, 5초, 7초의 첫인상 법칙이라고 말하는 것들은 미국의 심리학자들이 자국민을 대상으로 만들어낸 기준에 근거를 두고 있다. 그러나 그들은 얼굴의 주름 하나하나가 단어를 말하는 듯이 풍부한 표정을 만들 수 있고, 눈빛만으로도 감정을 전달하는 훈련이 충분히 되어 있는 사람들이다. 이는 곧 얼굴 자체에 근육이라고는 조금도 없는 것처럼 딱딱하게 굳어 있는 우리나라 사람들을 기준으로 만들어진 법칙이 아니라는 말이다. 우리는 표현하는 데 인색하다. 특히 40대 이상의 세대는 감정 표현 자체가 예의에 어긋나는 것이라는 교육을 받았고, 감정 표현이 풍부할수록 얕고 가벼운 사람이라는 오해를 받기

도 한다. 그나마 젊은 세대가 상대적으로 표현이 많아졌다고는
하지만, 실상을 살펴보면 말이 많아지고 표현할 수단들이 다양
해진 것뿐이지 표현의 정도가 풍부해진 것은 아니다. 그러다보
니 사람들이 많이 오가는 거리 한복판에서 딱 10분만 살펴보
아도 알 수 있는 우리나라 사람들의 공통된 특징이 있다. 바로
'무표정'이다.


　10여 년 전, 유학 시절의 일이다. 미국인 지도교수가 농담처
럼 툭 던진 한국인의 이미지는 악어였다.
　"한국 사람들은 꼭 악어 같아. 입을 꽉 다물고 눈은 부릅뜨고.
완전 악어랑 똑같아!"
　그 말을 듣는 순간, 무척 불쾌하고 기분이 상했다. 그런데 더
속상했던 것은 내가 반박을 할 수 없었다는 것이다. 나부터도
길을 갈 때 웃으면서 걸으면, 정신 한 부분을 놓은 사람처럼 보
이지는 않을까 싶은 마음에 무표정하게 걷고는 했으니 말이다.
그날 오후 나는 맨해튼 거리에서 몇몇의 악어를 만났고, 그들
의 입에서 어김없이 흘러나오는 한국어 소리를 들으며 다시 한
번 속상한 마음을 눌러야 했다.
　그런데 아이러니하게도 한국 사람들을 정의하는 단어들 중

　　　　　　　　　　　　　　　　　　　카리스마의 힘

가장 상위에 있는 것을 떠올려보면, 그것은 '정'이다. 전 세계 어디에서도 비슷한 뜻을 가진 단어를 찾을 수 없는 우리나라만의 독특한 정서인 정은 절대 3초, 5초, 7초 안에 느낄 수 있는 것이 아니다. 오래 보고, 오래 만나며, 차곡차곡 시간을 쌓고 마음을 나누어야 진가가 나타난다. 자기가 가진 것을 선뜻 나누어주고, 손해를 보더라도 도울 수 있는 것은 최선을 다해 돕고, 입은 은혜를 갚으며, 이익이 없는 일이어도 발 벗고 나서는 마음, 그 마음을 대체 몇 초만에 어떻게 알 수 있을까.

그래서 나는 한 사람을 판단하고, 또 나를 상대방에게 드러내고 알릴 수 있는 시간은 3초, 5초, 7초가 아닌 20분이라고 정의한다. 이 20분은 물리적인 시간을 의미하기도 하지만, 심정적으로 '내가 당신에게, 혹은 당신이 나에게 준 가능성의 시간'이기도 하다. 다시 말해서 20분 이하로 만날 사람이라면, 굳이 좋은 인상을 주기 위해 애쓰지 않아도 된다는 의미이다. 예를 들어 길에서 전단지를 나누어주는 아르바이트생에게 굳이 좋은 인상을 남길 필요는 없다. 물론 무례하게 굴거나, 무시하거나 해를 끼쳐 상대방을 힘들게 만들라는 말은 당연히 아니다. 인간에 대한 원천적 예의는 지켜야 한다는 것을 전제로, 모두에게 좋은 인상을 남기기 위해 노력할 필요는 없다는 뜻이다.

만약 스쳐 지나가는 사람들에게까지 좋은 인상을 남기고 싶어 하는 사람이 있다면, 한번 곰곰이 고민해보아야 한다. '착한 사람 콤플렉스'로 인한 것일 테니.

사람을 많이 만나는 직업들 중 하나인 보험설계사 역시 20분을 고객 모집의 기준으로 삼는다. 20분 이상 시간을 내어준 사람이라면 고객이 될 가능성이 충분하다고 생각하고, 다음 단계로 진입하기 위해 노력을 기울인다. 반면에 20분이 지나기도 전에 헤어졌다면 그 사람은 스쳐 지나가는 것일 뿐, 인연의 고리가 만들어지기는 어렵다.

그러니 이제 더 이상 소개팅 애프터가 오지 않거나 면접에서 떨어졌을 때 "나는 첫인상이 별로라서……"라는 변명은 하지 말자. 몇 초간 말없이 쓱 보고 나오는 소개팅은 없으며, 대화도 없이 멀뚱멀뚱 얼굴만 보는 면접도 없듯이, 당신의 실패는 첫인상 때문이 아니다.

자신의 이미지에 변화를 주고 싶을 때 가장 쉽게 할 수 있는 것은 헤어스타일을 바꾸고, 색다른 옷을 입고, 메이크업과 소품 등으로 치장을 하는 것이다. 생김새, 옷차림, 지니고 있는 물건의 브랜드가 주는 선입관은 분명 첫인상을 만드는 데 도움을 준다. 문제는 이렇게 만들어낸 첫인상은 20분 이상의 만남에서는 햇살 아래 눈처럼 사르르 녹아 없어진다는 사실이다. 한 사람의 진짜 이미지는 옷이나 신발이 아니라 내면의 태도에서 우러나오는 각자의 카리스마에 의해 만들어지기 때문이다. 입고 있는 옷이 볼품없어도 말을 몇 마디만 해보면 그 깊이감에 홀딱 반하게 만드는 사람이 있다. 이와 달리 머리부터 발끝까지 합치면 전셋집을 구할 수 있을 정도로 화려한 명품으로 치장한 사람일지라도 입을 여는 순간, 속된 말로 '깨는' 경우도 있다. 다시 말해서 3초 안에 수집할 수 있는 보이는 것에 근거한 정보들은 결국 무의미하다는 뜻이다.

당신의 첫인상은 절대 3초 안에 만들어지지 않는다. 적어도 20분 이상 상대방과 시간을 보내고, 당신 안의 것을 어필할 때 비로소 '아, 이 사람은 어떤 사람이겠구나'라는 정보를 줄 수 있다. 이는 적어도 20분 동안은 당신이 누구인지 보여줄 수 있는 단단하고 일관성 있는 이미지를 갖추어야 한다는 뜻이다.

상대방에게 자신의 이미지를 보여줄 수 있는 방법은 두 가지이다. 첫 번째는 눈으로 단번에 파악할 수 있는 겉모습이고, 두 번째는 심상(心像)이다. 심상은 내면에 존재하는 것으로, 눈빛이나 태도, 표정과 자세 등에서 자연스럽게 우러나온다. 누더기를 걸치고 앉아 있어도 어쩐지 범접하기 어려운 귀티를 가지고 있는 사람, 몸을 온통 명품으로 둘렀는데도 어딘가 모르게 가벼운 느낌이 드는 사람은 바로 그들의 심상에 따라 나뉘는 것이다. 그리고 심상은 곧 카리스마와 연결된다.

카리스마는 나를 나답게 만들어주는 나를 위한, 나에 의한 이미지이다. 그것은 목표를 달성하기 위해 스스로 만들어내고, 정확한 이미지 구현을 가능케 하는 자신만의 기운이다.

# 단계별로 눈빛을 조절하여 말하라

● 마음의 창을 열고 카리스마를 발산하라.
  바뀐 눈빛이 당신의 이미지를 변화시킨다 ●

한 사람이 자신의 이미지를 만들어낼 수 있는 수단은 생각보다 다양하다. 그중에서도 카리스마를 가장 빠르고 정확하게 표현해낼 수 있는 것은 눈빛이다.

모 카드회사의 교육 과정에서 있었던 일이다. 참가자들은 모두 개인 컨설팅을 원했지만, 시간이 충분하지 않아 각자 가지고 싶은 이미지와 자신의 모습에서 궁금한 것이 무엇인지 두 가지만 물어보라고 부탁했다. 제일 먼저 나선 사람은 50대 후반의 여성 매니저였다. "제 스타일이 어울려요, 안 어울려요? 바꿔야 할까요?" 그녀는 나이에 비해 날렵하고 곧은 체형이었지만, 얼굴은 비교적 정직하게 제 나이를 보여주고 있었다. 그런데 옷차림은 20대였다. 허리를 뒤로 꼭 묶고, 밑으로 넓게 펼쳐진 원피스에는 레이스가 달려 있었다. 헤어스타일은 밖으로 컬이 지는 단발머리였다. 20대의 스타일 중에서도 공주과 이미지를 가득 보여주는 옷차림이었다.

그 매니저의 질문에 내가 한 대답은 "제가 바꾸라고 해도 안 바꾸실 거잖아요"였다. 그러자 그녀는 어떻게 알았냐고 물으며, 깜짝 놀라 내 얼굴만 멀뚱멀뚱 바라보았다. 그래서 이번에는 내가 역으로 "선생님은 바꾸실 분이 아닌데요. 원하시는 이미지는 뭔가요?"라는 질문을 던졌다. 그녀는 전문적인 이미지를 가지고 싶다고 말했다. 사실 그녀는 자신이 원하는 전문적인 이미지를 가지려면, 그런 옷차림은 하지 말아야 한다는 것을 이미 알고 있었다. 그러나 본인이 그런 차림새를 스스로 예쁘다고 생각하고 좋아해서 고수하는 것이었다. 아마도 그때까지 "나이에 맞지 않는다", "좀 바꿔라", "스타일에 변화가 필요하다" 등등 선배와 동료에게 수도 없이 들었을 것이 분명했다. 그럼에도 불구하고 그녀가 자신의 겉모습을 바꿀 수 없었던 이유는 그렇게 하는 것이 행복하기 때문이었다.

다행스럽게도 그녀는 눈빛이 살아 있었다. 청명하고 기가 좋았다. 그래서 나는 없는 것을 억지로 갖출 게 아니라 있는 것을 살리면 되겠다고 판단했다. "선생님은 눈에 기가 좋고, 눈빛이 형형해서 전문적인 이미지가 보이네요. 그러니까 그냥 하고 싶은 대로 하세요." 내 대답에 그녀는 만족한 듯 고개를 끄덕였다. 50대에 좋아하는 이미지를 버리고 굳이 다른 이미지를 가져다 붙인다고 해서 그것이 자신의 대표 이미지가 되지는 않는다. 100세 시대의 반 이상을 자기가 좋아하는 이미지를 고수하며 살아왔는데, 그것을 어떻게 바꾸겠는가.

이 사람의 예를 통해 나는 당신에게 말하고 싶다. 그저 자신이 행복하면 된다고. 행복한 사람, 자신감 있는 사람의 눈빛은 그 자체로 선명한 빛을 발하고, 그 빛이 카리스마를 만들어낸다. 단, 나는 그녀에게 카리스마를 보완하기 위한 방법으로 말을 너무 길게 끌지 말고, 징징거리는 말투도 버리라고 조언했다. 짧게 단문으로 말하는 것만으로도 카리스마가 충분히 만들어지기 때문이다.


한번은 이런 경우도 있었다.

전문직에 종사하는 30대 중반의 여자였다. 일도 잘하고 성격도 시원시원한 사람이었는데, 그녀의 고민은 딱 하나였다.

만나는 남자마다 자신을 여자로 보지 않고 컨설턴트로 삼는다는 것이었다. 처음 만난 사람도, 오랫동안 알고 지낸 사람도 늘 그녀에게 인생 상담을 하고 고해성사를 한다고 했다. 소개팅을 나가도 한두 시간 후에는 어느새 상담 모드로 변해 있기가 일쑤이고, 그렇게 수많은 남자를 멘티로 삼은 채 자신의 외로움은 깊어만 가던 때 그녀가 나에게 물었다. 대체 본인의 문제점이 무엇이냐고.

나의 대답은 "눈빛의 힘이 너무 세서 사람을 제압하는 카리스마가 나오기 때문이에요"였다. 그녀의 눈은 강하고 선명하게 살아 있었다. 일에 몰두하거나 누군가의 고민을 듣고 해결책을 내줄 수 있는 카리스마를 발휘하는 눈빛이었다. 그런 눈빛은 상대방에게 애정을 구한다거나 어딘가 허전해 보이는 느낌을 주지 않는다. 누군가와 사적인 대화를 하고 관계를 만들어갈 때는 남자든 여자든 사랑스러워야 한다. 그러나 세고 강한 눈빛은 사랑스러움과는 거리가 있으며, 지혜로움이든 단호함이든 힘이 있는 눈빛의 카리스마가 상대방을 압도하기 마련이다. 결국 그 눈빛은 연애를 시작할 때 가져야 할 눈빛은 아닌 것이다.

그래서 나는 그녀에게 매일 양치질을 할 때마다 거울을 보고

TH

자신의 눈을 들여다보며 눈빛을 조절하는 연습을 해보라고 조언했다. 보통 때 자신의 눈을 신경써서 들여다보는 사람은 아주 드물다. 거의 모든 사람이 상대방의 눈을 바라볼 뿐, 시간을 내어 자신의 눈을 가만히 들여다보는 일은 흔치 않다. 화장을 한다고 하더라도 눈 주변, 얼굴의 한 지점을 볼 뿐이지 자신의 눈동자를 똑바로 들여다보지는 않는다. 그러므로 이를 닦는 짧은 시간만이라도 거울 속 자신의 눈을 진지하게 바라보는 노력을 하자. 그렇게 자신의 눈을 들여다보며, 눈에 힘을 주고 빼는 타이밍을 조절해보는 것이다.

나는 그녀에게 상황에 따라서는 눈에 힘을 조금 더 빼고 카리스마를 숨겨보는 것도 필요하다고 말했다. 얼마 전 그녀는 지금도 양치질을 하면서 눈에 힘을 넣고 빼는 타이밍을 조절하는 연습을 한다고 전해왔다. 이제 그녀로부터 더 좋은 소식이 들렸으면 좋겠다.

나는 누구나 카리스마가 있고, 모두가 카리스마를 가져야 한다고 말하지만, 사실 나 역시 외모에 카리스마가 있는 사람은 아니다. 그런데 나의 강의를 들었던 사람들이 강의 평가 시에 한결같이 가장 처음 기재하는 내용은 "강사님 카리스마가 장난 아니에요!"이다. 강의 무대를 압도하는 키와 몸매를 가진 것도 아니고, 목소리가 사자후처럼 쩌렁쩌렁한 것도 아닌 내가 카리스마 있다는 소리를 듣는 이유는 강의를 시작하면서 바뀌는 나의 눈빛 때문이다.

본래 내가 가진 카리스마는 편안함이다. 누군가의 이야기를 듣고 해결점을 제시해주는 직업적 특징이기도 하지만, 원래 가지고 있는 눈빛에 카리스마가 없다. 내가 가진 푸근하고 편안한 이미지는 고민 상담을 해주거나, 컨설팅을 시작하며 딱딱해진 분위기를 화기애애하게 만드는 데에는 큰 도움이 된다. 그러나 강사의 영역으로 넘어가면, 이 편안함은 비전문성과 연결이 된다.

그래서 나는 오랜 시간 눈빛을 바꾸는 연습을 해왔다. 언제 어디서든 자유자재로 나에게 필요한 카리스마를 눈에 심기 위해서 꾸준히 노력하고 있다. 강의를 할 때, 또 정확한 컨설팅의 결과를 알려주어야 할 때, 나는 그 누구보다도 카리스마가 넘치는 사람이 된다.

눈빛에 카리스마를 담으라고 해서 무조건 눈에 힘을 주라는 말은 아니다. 눈빛에는 특유의 힘이 있다. '눈은 마음의 창'이라는 말이 괜히 있는 것이 아니다. 자신의 눈빛은 마음과 생각

　　　　　　　　　　　　　　　　　　카리스마의 힘

자신의 눈을 들여다보며
눈에 힘을 주고 빼는 타이밍을
조절해보는 것이다.

으로 연습하면서 만들어가는 것임을 잊지 말자. 그러려면 '나는 이런 사람이 되겠다'라는 목표를 가지고, 그 목표를 생각하며 눈빛을 들여다보는 것이 중요하다. 이때 눈동자를 마구 굴리거나, 시선을 아래로 떨구는 것은 역효과를 가져온다. 지그시, 그리고 선명하게 자신의 눈빛에 힘을 실어보자.

만약 당신이 상대방의 눈을 도저히 보지 못하겠다거나, 눈을 보는 것이 지나치게 어색하다거나, 혹은 너무 뚫어지게 보는 편이라고 생각한다면, 아이 콘택트를 하는 방법이 잘못된 것이다. 심리학적 통계를 따져봤을 때, 이야기를 나누다가 왼쪽으로 시선을 보내는 사람은 거짓말을 하는 것이고, 오른쪽으로 시선을 돌리는 사람은 딴생각을 하는 것이라는 결과가 있다. 또한 시선을 과하게 사방으로 돌려대면 산만하게 보이고, 그렇다고 해서 한곳만 뚫어지게 바라보면 상대방이 무서움을 느낀다.

그러므로 상대방의 눈을 최소한 2초는 바라보되 이후에는 천장이나 바닥처럼 멀리 있는 곳으로 시선을 가져가지 말고, 상대방의 상체 혹은 얼굴 안쪽에서 시선을 조금씩 움직이다가 다시 눈을 바라보는 과정을 반복하는 것이 바람직하다. 예를 들어 눈, 미간, 입술, 턱을 보다가 다시 눈, 눈썹, 정수리, 목 이런 식으로 바라보는 방법이 좋다.

아이 콘택트만 제대로 해도 한결 정돈된 이미지를 만들어낼 수 있다. 카리스마를 가진다는 것은 자신의 목표에 닿아 있는 눈빛을 만들어가는 것임을 잊지 말자.

# 시대별로 원하는 카리스마가 다르다

**● 왕따도 외톨이도 문제는 카리스마이다 ●**

시대에 따라 인간 군상은 다양해지고, 그때마다 부상하는 캐릭터나 이상형들이 존재한다. 드라마를 보면 그 시대가 원하는 이상형이 가장 잘 나타나는데, 1960~1970년대의 우리나라는 우직하고 듬직한 남자와, 속이 다 뒤집어지고 창자가 끊어져도 참고 인내하는 여자를 이상적인 모습으로 생각했다. 그러다가 1980년대에는 좀 더 역동적인 면을 보이는 사람이 부각되었고, 1990년대 중반 이후에는 위로와 부드러움, 그리고 파워가 공존하는 캐릭터가 각광을 받았다. 2000년대를 지나면서부터는 시대가 바라는 이미지가 전보다 훨씬 자주 바뀌는 추세이다.

오늘날 큰 사랑을 받는 섬세하고 부드러운 남자의 캐릭터는

**105**

1970년대 드라마에서는 바보 취급을 받았다. 반면에 그 시대에 찬양했던 강압적인 독불장군 캐릭터는 지금에 와서는 미움을 한 몸에 받는 대상일 뿐이다. 시대에 따른 이미지의 변화는 여자도 마찬가지이다. 집에서 조용히 아이를 키우며 모든 풍파를 몸소 막아내는 지고지순한 이미지가 사랑받았던 시대도 있었지만, 지금은 그런 여주인공이 나오는 드라마가 있다면 다들 속이 뒤집어지고 답답해서 차마 보지 못할 것이다.

드라마를 통해 이미지에 대한 변화를 이야기했지만, 이런 변화는 비단 드라마뿐만 아니라 우리가 살아가는 사회 전체에서 지속적으로 일어난다. 시대와 사회의 변화에 따라 요구되는 카리스마가 달라진 까닭이다.

얼마 전, 한 초등학생의 부모가 자녀의 이미지 컨설팅을 의뢰해왔다. 아이가 학교에서 왕따를 당하고 있어서 이미지 컨설팅을 통해 아이의 분위기를 바꿔주고 싶다는 것이었다. 대부분의 부모가 아이에게 일반적으로 입히는 옷은 선명한 컬러가 많다. 아니면 아예 무채색이다. 그리고 기죽지 말라는 말과 함께 자기주장을 뚜렷하게 말할 것을 요구한다. 나는 이 부분을 보완하기 위해 파스텔 컬러의 옷을 입히고, 옷감도 부드러운 것으로 고르라고 조언했다. 여자아이라면 레이스가 있는 옷과 소품을 권했을 테지만, 남자아이여서 카라가 있는 셔츠보다는 부드러운 라운드 티셔츠를 입히라고 했다. 말투도 부드럽게, 그리고 천천히 말하게 하라는 컨설팅을 해주었다.

사실 왕따를 당하는 아이들은 자신만의 독특한 카리스마를 내면에 가지고 있는 경우가 많다. 다만 어리기 때문에 그 카리스마를 제대로 조탁하지 못해서 이리저리 부딪히며 또래 집단과 갈등이 일어나게 된 것이다. 그래서 이런 아이들은 대체로 거칠거나 세다는 평가를 받고, 이상한 아이라는 낙인이 찍힌 채 점점 더 왕따가 되어간다.

그러나 개성이 강하고 센 것이 잘못은 아니다. 오히려 일찍 자신의 카리스마를 밖으로 내보였을 따름이다. 안타깝게도 이런 아이들은 어른이 되는 과정에서 스스로 다듬어나가기 전에 풍파를 겪기도 한다. 허나 나는 이 역시 카리스마를 만드는 데 큰 도움이 되리라고 생각한다. 십수 년 전에야 틀에 박힌 인간상들이 존재했지만 시대가 달라진 지금, 더 이상 센 성격이 버려야 할 것으로 취급받아서는 안 된다. 오히려 남들과 다른 카리스마의 단단한 씨앗이 있음을 고마워해야 한다.

20여 년 전 우리나라는 힘의 카리스마가 대세였다. 눈빛은 매서워야 했고, 말은 짧고 강단이 있어야 했다. 파워풀한 인상, 강하고 힘 있게 끌고 가는 불도저 같은 이미지가 리더를 만들었다. 그런데 IMF 시대를 거치면서 사회가 요구하는 카리스마가 변화했다. 세파에 부러지는 강한 나무 같은 카리스마보다는 휘어질 때 휘어지더라도 다시 일어나 보듬어 안을 수 있는 부드러운 카리스마가 각광받기 시작한 것이다. 사람들은 "괜찮다, 당신 잘못이 아니야. 나와 함께 다시 뛰어보지 않겠나 자네!"라고 말해줄 것만 같은 부드러운 리더상을 필요로 했다. 그렇게 시대의 카리스마는 힘의 카리스마에서 부드러운 카리스마로 바뀌었다.

그러다가 2002년 번갯불처럼 번쩍하고 이미지에 변화를 가져온 사람이 바로 히딩크였다. 지금도 '히딩크 리더십'이라고 불리는 그의 카리스마를 살펴보면, 한마디로 복합적인 카리스마라고 할 수 있다. 히딩크는 선수들을 강하게 밀어붙여야 할 때는 강단 있게, 때로는 아버지나 할아버지처럼 포근하게 감싸 안는 복합적인 면모를 보였다. 즉 그에게는 파워풀한 카리스마와 친근한 카리스마가 공존하고 있었다.

지금 시대는 기본적으로 힘의 카리스마는 가지고 있되 필요에 따라 부드러운 카리스마, 친근한 카리스마, 편안한 카리스마를 첨가하는 것이 흐름이다.

재미있는 것은 이렇게 시대가 원하는 카리스마를 쭉 훑어볼 수 있는 자리가 있다는 점이다. 게다가 세계적인 트렌드까지 살펴볼 수 있다. 그것은 바로 각국의 대통령들이 모이는 정상회의나 회담이다.

2010년, 서울에서 G20 정상회의가 개최되었다. 세계를 움직이는 리더들이 모인 자리에서 일인자는 과연 누구일까? 물론 정해진 것은 없지만, 일단 회의 장소에 가장 마지막으로 들어가는 사람이 일인자라는 인식이 있다. 제일 중요한 손님이 늘 마지막에 입장하고, 제일 인기 많은 스타가 마지막 무대에 등장하는 것과 똑같은 이치이다. 그런데 G20 입장에는 순서가 따로 정해져 있지 않았다. 그 당시 기자들에게 들은 말로는 각국의 정상들이 서로 마지막에 등장하기 위해 기싸움을 한다는 것이었다. 그래서 회의 장소를 기점으로 반경 몇 킬로미터 안에 오바마, 후진타오, 푸틴이 대기하고 있었다고 한다. 상대가 먼저 들어가기를 기다리면서 서로의 눈치를 보았던 것이다. 결국 성질 급한 푸틴이 제일 먼저 들어갔고, 오바마가 그다음으로, 그리고 가장 느긋한 후진타오가 맨 마지막에 들어갔다고 한다. 이는 어쩌면 우스갯소리일 수도 있고, 진정한 힘 대결의 한 부분을 드러낸 사례일 수도 있다.

우리는 여기에서 가장 마지막으로 입장하며 강대국 미국의 기마저 누른 중국 대표 후진타오의 카리스마를 살펴볼 필요가 있다. 뉴밀레니엄 시대에 후진타오 주석이 등장했다. 그때부터 중국을 두고 최강국으로의 부상이 조심스럽게 예견되고 있었다. 나는 후진타오를 보면서 진짜 그럴 수도 있겠다는 생각을 했다. 당시 미국의 대통령은 부시, 프랑스는 사르코지, 러시아는 푸틴이었다. 재미있게도 이들보다 후진타오가 더 세련되어 보였다. 특유의 빨간색 넥타이가 눈길을 끌었고, 정장의 핏도 훌륭했다. 또 걸음걸이와 태도가 좋았고, 표정은 단호할 때는 단호하며 부드러움도 보일 줄 알았다. 예전에 알고 있던 중국의 촌스러움이 아니었다. 중국의 정치인을 보면, 덩샤오핑 이후에 후진타오를 거치면서 대단히 세련된 면모를 보인다. 인민복으로 대변되던 덩샤오핑이 촌스러웠다면, 후진타오 때부터 세련미를 갖추었다.

그리고 이제 시진핑을 살펴보자. 시진핑은 후진타오에서 한 단계 더 업그레이드된 모습을 보여준다. 후진타오가 트래디셔널하고 사무적이었다면, 시진핑은 엘레강스하다. 극단적이거나 과한 것이 없고, 우아하다. 시진핑으로 인해 정점을 찍었다는 느낌이다.

거기에 시진핑의 아내인 펑리위안도 한 몫을 했다. 가수 출신인 그녀는 군복을 입고 군인 가수로 활동하던 시절과, 패셔니스타라는 평가를 받으며 중국의 퍼스트레이디 역할을 할 때 각각 다른 카리스마를 발휘한다. 가수로서 무대를 휘어잡는 여왕의 카리스마는 시진핑과 함께할 때는 완전히 다른 카리스마인 부드럽고 온화한 왕비의 카리스마로 바뀐다.

이에 더하여 그녀는 그런 카리스마를 극대화시킬 수 있는 옷차림을 선택한다. 선이 부드럽게 떨어지거나 색상의 대비가 적은 의상을 선호하는 것이다. 반면에 외교적으로 적극적인 모습을 나타내야 할 때는 과감한 변신을 한다. 컬러 콘트라스트가 강한 옷을 입고, 무대를 장악하는 듯한 자신만만한 카리스마를 눈에 담는다. 이렇게 자신의 목적에 따라 변화할 줄 아는 그녀이기에 남편 시진핑보다도 더 자국민의 사랑을 받는다는 말이 나오는 것이 아닐까? 게다가 펑리위안은 중국 내 중저가 브랜드 의상을 적극적으로 활용해서 중국 의류산업 발전에도 큰 영향을 주고 있다고 하니, 카리스마를 만들기 위해 비싼 명품을 둘러야 한다는 선입관도 보기 좋게 깬 셈이다.

미국의 경우도 영부인의 이미지가 재미있다. 미국의 퍼스트레이디는 대가 바뀌면 이미지도 바뀐다. 기본적으로 엘레강스한 이미지를 가져야 하지만, 반드시 그런 것은 아니다. 40대 대통령인 로널드 레이건의 부인 낸시 레이건은 여성스러운 이미지였다. 그다음으로 41대 대통령인 조지 허버트 워커 부시의 아내 바버라 부시는 트래디셔널한 이미지였다. 뒤이어 등장한 빌 클린턴 대통령의 아내 힐러리는 엘레강스였고, 43대 조지 워커 부시 대통령의 부인인 로라 부시는 다시 트래디셔널로 갔다. 그리고 현재는 미셸 오바마로 이어지면서 엘레강스로 돌아왔다.

이런 식으로 미국의 퍼스트레이디는 전 대와 의도적으로 다른 이미지를 연출하곤 한다. 덧붙이자면 이들 중 특히 힐러리는 앞서 말했듯이 자신의 필요와 목적에 따라 자유자재로 카리스마를 바꿔 이미지를 만들어간 사람이라 하겠다. 이렇듯 시대에 따라 부각되는 사람들은 사회가 원하는 이미지를 빠르게 인식하고, 그에 맞추어 자신의 카리스마를 조절한 것을 알 수 있다.

# 누구나 보완은
# 필요하다



"그 사람은 이미지가 나빠."

"그 여자, 이미지가 좋던데?"

위의 대화는 우리가 흔히 하는 말이다. 그런데 곰곰이 생각해보자. 과연 좋은 이미지는 무엇이고, 또 나쁜 이미지란 무엇일까? 만약 강하고 자신만만하게 보이는 사람이 있다면, 그는 좋은 이미지를 가진 것일까? 이런 이미지를 거만하게 받아들이는 사람에게는 나쁜 이미지일 것이고, 그렇지 않은 사람에게는 좋은 이미지가 될 것이다. 마찬가지로 여성스럽고 우아한 모습을 좋게 표현하면 엘레강스하다고 말할 수 있고, 반대로 공주과의 이미지라고 할 수도 있다. 중요한 점은 이미지라는 것이 자신에게 얼마나 잘 어울리는가이다. 우리는 자기 본연의 카리스마를 찾고, 여기에 필요한 이미지를 더하여 원하는 카리스마를 만들어내는 것에 더 집중해야 한다.

그런 의미에서 나는 요즘 유행하고 있는 취업 성형에 반대하지는 않는다. 획일적인 이미지를 만드는 것을 옹호한다는 뜻이 아니라, 콤플렉스를 해소함으로써 자신감이 회복된다는 부분에서 옹호하는 것이다. 또한 나는 센 여자들을 응원한다. 그래서 얼음장처럼 차가운 이미지를 고민하는 여자들, 기가 세 보인다는 말에 어깨를 움츠린 여자들에게 당당하라고 말해주고 싶다. 얼마나 좋은가, 이미 그녀들은 기본적인 카리스마를 가지고 있는 것이다. 따라서 조금씩 필요한 이미지를 보완해나가기만 하면 된다.

내가 처음 이미지 컨설팅을 공부하면서, 이와 병행했던 공부는 관상학이었다. 특별히 어느 한 사람을 파악하기 위해서라기보다는 얼굴에서 각각의 부분이 가지고 있는 장단점을 파악하고 보완하기 위한 것이었다. 사람마다 구축하고 싶은 이미지가 적어도 한 가지씩은 존재하기 마련이다. 그런 이미지를 만들기 위해서는 분명 보완할 점이 발생한다. 예를 들어 관상학적으로 광대뼈가 튀어나오고 볼이 쑥 들어간 사람은 온화해 보이기 어렵다. 그런데 그 사람의 평생소원이 온화하다는 말을 듣는 것이라면, 이 부분은 이미지 컨설팅을 통해 보완해주어야만 하는 것이다. 그래서 나는 그런 외모의 여성 고객에게 "눈빛에 힘을 빼고, 부드러운 표정을 지어보세요. 하이라이터와 볼터치로 음영을 부드럽게 만들고, 헤어스타일은 이렇게 하세요. 그리고 온화한 카리스마를 위해 말투는 이러저러하게 하는 것이 좋습니다" 등등의 구체적인 컨설팅을 실시했다.

지난 세월 내가 이런 식으로 컨설팅을 했던 사람을 세어보면, 대략 12만 명이 넘는다. 그 12만 명의 데이터는 나의 재산이자 컨설팅의 훌륭한 데이터베이스가 되어준다. 관상이라는 것이 수많은 사람의 생김새 데이터에서 추출한 일반론이라면, 나는 거기에 색채와 디자인, 메이크업, 스타일링까지 모두 더해 이미지 컨설팅이라는 새로운 장르를 만들어왔다.

내가 이미지 컨설팅을 할 때 절대로 사용하지 않는 단어가 있는데, 그것은 바로 '나쁜 이미지'라는 말이다. 세상에 나쁜 이미지는 없다. 마찬가지로 좋은 이미지도 없다. 필요한 이미

 만약 나쁜 이미지가 존재한다면, 그 이미지는 고치고 바꾸어야 한다. 그런데 이미지를 고치고 바꾸어서 유지하는 것이 과연 가능할까?

쇼핑을 할 때 마음에 쏙 드는 옷을 발견했다고 치자. 당장에 그것을 사고 집에 와서 옷장 문을 여는 순간, 아차 싶었던 사람들이 적지 않을 것이다. 옷장에는 이미 새로 쇼핑한 옷과 비슷한 옷들이 많았을 테니 말이다. 분명히 여러 번 곱씹으며 고민했던 아이템이었음에도 불구하고, 가지고 있지 않은 새로운 옷이 아니라는 사실에 의아했을 것이다. 이미지도 이와 마찬가지이다. 본인이 바꾸려 노력하고, 완전한 변신을 꿈꾸어도 잘 바뀌지 않는다. 오히려 힘들게 노력하는 동안 스트레스만 더 쌓일 뿐이다.

예를 들어 힘 있게 밀고 나가는 추진력을 카리스마로 가진 사람에게 온화한 카리스마로 바꾸라는 조언을 한다고 가정해보자. 아마 그 사람은 혼자서 마음속으로 참을 인만 수십 번 그리다가 이미지를 바꾸기도 전에 화병으로 쓰러질지 모른다. 그래서 나는 누군가의 이미지 컨설팅을 할 때, 그에게 어떤 새로운 이미지를 만들라거나 무작정 강요하지 않는다. 그저 자신이 원하는 목표에 맞추어 스스로가 가진 카리스마를 정확하게 파악하고, 그것을 보완할 수 있는 방법을 찾는 노력을 하라고 말한다.

한 사람을 전반적으로 뒤흔들어 바꾸지 않고, 사소한 몇 가지 혹은 생각해보지 않았던 패션과 행동 등에 대한 작은 변화를 통해 그가 좀 더 괜찮은 사람이 되도록 도움을 주는 것이 바로 내가 생각하는 이미지 컨설팅이다. 이런 이유로 인해 이 책의 제일 처음에 말했듯이, 사람들의 이미지를 컨설팅해주는 나의 최종 목표는 행복인 것이다.

글로벌 기업의 CEO들에게 이미지 컨설팅 의뢰가 들어와서 그들에게 어떤 이미지를 원하느냐고 질문을 해보면, 대부분은 "편안한 이웃집 할아버지요"라는 대답을 한다. 수만 명의 직원들을 이끄는 카리스마 넘치는 리더가 고작 이웃집 할아버지 이미지를 원하는 이유가 대체 무엇일까? 그들을 면담해보니 카리스마에 대한 거부감과 부담감을 가지고 있었다. 카리스마라는 말 자체가 연상시키는 독재적이고 권위적인 이미지 때문이었다. 그렇다면 당신의 머릿속에 그려지는 카리스마라는 단어의 이미지는 어떠한가? 당신 역시 이 단어가 강하고 거칠게 느껴지는가?

간단히 말해 카리스마는 '편리성'이다. 지배당하지 않고 존중받는 힘, 스스로 상황을 장악해서 끌려다니지 않는 힘이다. 즉 자신이 하기 싫은 것은 하지 않고, 본인의 일을 하는 데 행복할 수 있는 힘이다. 이것은 대통령이나 CEO 같은 리더만 가질 수 있는 것이 아니다. 커피숍 아르바이트생에게도 카리스마가 있어야 한다. 부장이라도 만만한 사람이 있는가 하면, 생글생글 잘 웃는 어린 신입사원인데도 만만하지 않은 사람이 있다. 나는 그것이 바로 우리에게 필요한 카리스마라고 생각한다. 또한 그 카리스마가 개인의 삶을 편리하고 행복하게 만들어준다고 믿는다.

카리스마를 강해 보인다는 것과 동일시하는 사람들이 많지만, 실상 그 강함이란 아주 다양하다. 예를 들어 힐러리는 부드러운 카리스마를 가진 사람으로, 감싸 안아줄 것 같으면서도 품격이 있는 이미지이다. 반면에 독일의 메르켈 총리는 그 자체가 카리스마이다. 그녀는 우리가 기존에 알고 있는 익숙한 카리스마를 보여준다.

강한 외모나 터프한 태도를 가지고 있는 것만이 카리스마는 아니다. 부드러운 인상이지만 믿음을 주는 사람이 있고, 그렇지 않은 사람이 있다. 그 사람의 실력, 지식, 성실성, 책임감,

친화력, 온화함, 선함 등등의 것들도 역시 카리스마가 될 수 있다. 이런 점들 때문에 그에게 압도된다면, 그것이 바로 그의 카리스마이다.

또한 높은 자리에 있는 사람이라고 해서 모두가 카리스마를 갖춘 것은 아니다. 오래전부터 나는 TV 뉴스에 등장하는 국무회의 장면을 유심히 지켜봐왔다. 한 나라의 국민들 중에 장관을 하는 사람은 극소수이다. 그렇게 선택된 능력자들이지만, 그들 중에서도 카리스마가 있는 사람과 그렇지 않은 사람이 구별되어 보인다. '그저 명예욕만 앞서서 그 자리에 있고 싶어 안달이 난 사람, 과연 그는 행복할까?' 이런 생각이 들 때마다 나는 우리 사무실이 있는 건물에 청소를 해주시는 분들이 생각난다. 아주머니가 두 분, 아저씨가 두 분인데, 그중 청소 반장이 아닌데도 제일 세게 보이는 아주머니가 계신다. 가만히 보면 그 아주머니는 항상 자기가 원하는 구역에 가서 청소를 하신다. 그것이 바로 그녀의 카리스마이다. 그녀는 항상 당당하고 즐거워 보인다.

하고 싶은 일만 하면서도 충족될 수 있는 삶은 얼마나 행복할까. 허나 그럴 수 있는 사람은 많지 않다. 남들은 꿈의 직업이라고 말해도 정작 본인이 즐길 수 없다면, 그것은 행복한 것

이미지 컨설팅은
단순히 호감 가는 이미지를
만드는 것이 아니다.

이 아니다. 또한 자신이 원하고 즐기는 직업을 가지고 있다고 해도, 주도적으로 그 일을 해나가는 것 역시 쉽지 않다. 누군가에 의해 알 수 없는 어딘가로 끌려가지 않고 자신이 주가 되어 선택해서 일할 수 있어야 하는데, 그러려면 자신만이 가진 힘이 있어야 한다. 간혹 그것을 권력이나 돈이라고 여기는 사람들이 있는데, 그런 생각은 큰 오산이다. 그 힘이란 바로 카리스마이다. 그래서 카리스마라는 단어는 자기 자리에서의 편리성이라고 대체해도 될 것 같다. 본인이 있는 자리에서 자기가 마음먹은 대로 일이 진행된다는 것, 자기 일을 하는 데 있어서의 자유로움이 그것이다.

나도 강의를 할 때, 말하고자 하는 내용을 더 효과적으로 전달하고 싶은 마음에 나만의 이미지를 만들었다. 만약 내가 그저 편안하거나 친근하기만 했다면, 내가 하는 강의는 청중에게 어필할 수 없었을 것이다. 나 역시 나름의 카리스마를 구축했고, 그 카리스마가 있을 때 대상을 지배해서 내가 하는 이야기에 주목하게 만들 수 있었다. 이로써 결국 나의 일이 편리해진 것이다.

사람들이 나에게 이미지 컨설팅을 받기 원하고, 내가 그들을 컨설팅하는 이유도 여기에 있다. 원하는 이미지는 카리스마를 바탕으로 표현되어야 한다. 그래서 조금 더 편리하게, 그리고 수익이 더 창출될 수 있도록 만들어나가야 한다. 따라서 나는 어떻게 하면 자신만의 카리스마를 갖출 수 있는지에 대한 방법을 조언한다.

이미지 컨설팅은 단순히 호감 가는 이미지를 만드는 것이 아니다. 옷을 잘 입는 방법만 배우는 것은 더더욱 아니다. 예를 들어 보건복지부 장관에게는 어떤 이미지가 필요할까? 건강한 이미지이다. 그렇다면 행정자치부 장관은? 머슴의 이미지이다. 문화체육관광부 장관은 가장 세련되어 보여야 하고, 외교부 장관은 세련미와 동시에 지적인 이미지가 요구된다. 금융 분야의 영업을 하는 사람들은 경제적으로 여유 있는 이미지가 필요하다. '저 사람에게 보험을 들면 내 경제 상황이 훨씬 더 좋아질거야'라는 예감이 들어야지, '내가 당신에게 보험을 들어봤자 당신처럼 별 볼일 없어질 것 같아'라는 느낌이 들게 해서는 안 된다. 이렇게 각자가 하는 일에 따라 자신에게 가장 필요한 이미지는 각기 다르다.

자, 지금 거울을 들여다보자.
그리고 냉정하게 판단하자.

당신은 어떤 눈빛을 하고 있는가? 당신에게는 어떤 카리스마가 있는가? 당신이 행복해지기 위해 만들어야 할 이미지는 무엇인가?

한 번도 자신을 들여다본 적이 없다면, 지금이 기회이다. 자신의 모습이 최대한 많이 비춰지는 거울 앞으로 곧장 가서 찬찬히 살펴보자.

당신의 카리스마는 분명 당신 안에서 기다리고 있다.

# 미친 카리스마가
# 미치는 영향



혹시 당신이 어떤 카리스마를 가지고 있는지 예견하고 싶은 가? 그렇다면 어머니나 아버지를 보면 된다. 핏줄의 힘은 생각보다 무서워서 평소 궁시렁거리며 싫어했던 부모님의 모습을 크면서 그대로 답습하는 경우가 참 많다.

예전에 어떤 기업체의 사장이 이미지 컨설팅을 의뢰한 적이 있다. 굉장히 말을 늘어지게 하는 사람이었고, 도돌이표가 끝도 없이 이어지는 늘어진 테이프 화법의 소유자였다. 그와 한 시간 정도 이야기를 나눈 후, 내가 내린 첫 처방은 간단한 문장을 구사하되 그나마도 아주 짧게 말하라는 것이었다. 단문을 구사하고 할 말만 짧게 하는 것, 이것은 한 기업의 대표가 가져야 하는 카리스마를 만드는 데 무척 중요한 요소이다. 일단 말을 길게 하고 말끝을 늘이면, 카리스마는 반감된다. 군인들의 일명 '다나까' 말투가 딱딱하기는 해도 힘차고 권위 있게 들리는 이유는 짧게 끝나는 단문이기 때문이다. 더불어 나는 그에게 옷차림과 제스처에 대한 것도 몇 가지 지적했다. 그랬더니 곰곰이 내 말을 듣고 있던 사장이 갑자기 파안대소를 하며 고개를 설레설레 젓는 것이 아닌가. 그 이유를 물었더니 그는 잠시 망설이다가 이런 대답을 했다.

"강 소장의 말을 들으니, 내가 우리 아버지를 보며 생각했던 불만이 다 나오네요."

알고 보니 그 사장의 아버지, 즉 은퇴한 회장이 그와 똑같은 모습을 가지고 있었다. 그는 평소에 그런 아버지의 모습에 불만을 느꼈는데, 문제는 싫어했던 그 모습을 자신이 그대로 가지고 있다는 것을 뒤늦게 깨달았다는 점이었다.

그러므로 자신의 카리스마를 파악하고 보완하려면, 먼저 부모님을 면밀히 분석해보는 것도 필요하다. 그 이후에 더해야 할 노력은 바로 공부이다. 여기에서 말하는 공부란 패션이나 코디법에 대한 것이 아니다. 자기 분야에 대해서 전문성을 높이기 위한 노력을 의미한다. 간혹 스포츠 스타들이 예능 프로그램에 나오는 모습을 보는데, 아무리 다른 출연진이 추어올려주어도 어딘가 어설프고 어색해 보인다. 그들이 빛을 발할 때는 자신의 무대에서이다. 제아무리 날고뛰는 축구 선수일지라도 평상복을 입고 사람들 사이에 서 있으면, 그냥 키 큰 옆집 총각일 뿐이다. 그들은 그라운드 위에서 빛이 난다. 그것이 실력을 바탕으로 한 카리스마이다.

지인 중에 대학병원의 의사인 사람이 있다. 초등학교 때부터 알고 지낸 그 친구는 남자치고는 작은 체구의 소유자이다. 그래서 어디에서 밥을 먹든, 또 길을 가든 간에 별로 눈에 띄지 않는다. 말투가 조심스럽고 눈빛도 온화하여 차 한잔을 마시면서 마음속 이야기를 털어놓으면, 조용히 위로하며 등을 토닥여줄 것 같은 부드러움을 가지고 있다.

그런데 그 친구가 가운을 입고 자신의 일터인 병원에 있을 때는 이야기가 달라진다. 카리스마가 대단하다. 신기하게 어깨도 펴지고 고개도 꼿꼿하게 선다. 눈빛도 매섭기 그지없다. 병원에서 회진을 돌 때면 키가 작아서 인턴이나 레지던트들 속에 푹 파묻히지만, 그는 그 모든 것을 압도한다. 같은 사람인데 가운을 입은 그에게 이런저런 고민을 털어놓으면, 눈물이 쏙

빠질 때까지 매섭게 혼이 날 것만 같은 느낌을 준다. 가운 하나로 이렇게 이미지가 바뀌는 것일까? 물론 제복이 가진 카리스마가 있다. 군인이나 경찰에게서 느껴지는 카리스마적 이미지는 분명 제복이 큰 몫을 한다. 그러나 근본적인 카리스마는 그 친구의 가운에 있는 것이 아니다. 그렇다면 그 원인은 과연 무엇일까? 실력, 그리고 자신감이다.

그는 원하던 대학교에 진학하는 것을 실패한 뒤 지독하게 공부에 매달렸고, 결국 자기 분야에서 최고의 위치에 올랐다. 치열하게 실력을 쌓으며 보냈던 20대 시절이 그가 가진 카리스마의 바탕이 된 것이다. 자신만의 카리스마를 특별히 이미지 컨설팅을 통해 구축한 것이 아니었고, 또 카리스마를 만들겠다는 목표를 가진 것도 아니었겠지만, 그는 내가 아는 누구보다도 열심히 살아왔다. 그런 그는 세월이 만들어준 카리스마를 아름답게 가지고 있는 사람들 중 한 명이다.


말한 바 있듯이 나 역시도 처음 보는 사람들에게 외모로 카리스마를 느끼게 하는 사람은 아니다. 내가 가지고 있는 카리스마는 지식이다. 일하는 분야에서의 전문성은 당연하고, 시사에 뒤처지지 않기 위해 신문을 꾸준히 읽으며 정치, 경제뿐만 아니라 다방면으로 지식을 쌓아왔다. 또한 각계각층의 전문가들이 고객이다보니, 나도 자연스레 더 폭넓은 분야를 심도 있게 공부하게 되었다. 거기에 남자들이 관심을 가지는 것들에 대해서도 일부러 공부를 했다. 그 덕분에 누가 되었든, 또 어떤 분야가 되었든 간에 질문을 받으면 대답하지 못하는 경우가 거의 없다.

1990년대 말 패션플러스에 창단 멤버로 들어갔을 때, 당시 나는 '코디플러스'라는 직책을 맡았다. 그곳에서 온라인으로 퍼스널 컨설팅을 하고, 그때의 경험담을 모아서 첫 번째 책을 냈다. 그 과정을 거치며 들었던 생각은 공부에 더 힘을 쏟아야겠다는 것이었다. 그래야 강사로서의 입지를 확보할 수 있을 것 같았고, 어차피 내가 이 일을 계속할 텐데 더 전문적이지 않으면 먹고살 수 없겠다 싶었다.

미국에서의 패션 이미지 컨설팅은 나처럼 이미지를 분석하지 않는다. 이것은 내가 개발한 분야이다. 미국에는 관상학 같은 것이 없다. 그저 TPO에 맞게, 직업에 맞게, 피부 톤이나 체형에 맞게 어떤 것을 입힐지를 연구한다. 한편 이미지를 어떻게 구축할 것인지의 문제는 조금 다른 분야이다. 이런 생각을 할 때부터 나는 혼자 일본으로 건너가서 컬러를 공부하고 돌아왔고, 미국에도 1년에 한 번씩 가서 그동안에 바뀐 새로운 트렌드를 다시 공부하고 왔다. 1년 동안 돈을 벌면, 그 돈을 가지고 외국으로 가서 지식을 채워 돌아왔다. 그러면서 나만의 컨설팅 방법을 만들었다.

미국에는 매년 여름마다 가서 일주일에서 열흘 정도 공부를 하고 왔는데, 전에 들었던 내 스승들의 강의를 다시 듣는 것이라 똑같은 내용을 거의 대여섯 번 이상 듣기도 했다. 그렇게 듣다 보니 변하는 부분이 보였다. 이를테면 예전에는 피부 톤을 사계절로 나누었는데, 이제는 두 가지 톤으로만 구분한다던가, 몇 년 전에는 검은색 정장은 정장이 아니라고 이야기했는데 어느 날 갔더니 정장이라고 말한다던가. 그러다가 2005년쯤이 되자 이제 더 이상 갈 필요가 없다는 생각이 들었다. 이미 나는 나만의 컨설팅 방법을 개발하고 있었고, 현장에서 고객들을 만나며 한국과 미국의 실정이 너무나 다르다는 것을 알게 되었기 때문이다.

내가 미국에서 마지막으로 한 가지 더 공부한 것은 '퍼스널 쇼퍼'였다. 고객의 피부 톤, 체형, 니즈 등을 일대일로 상담하고, 그에 맞추어 제품을 구매해주는 사람의 역할에 대하여 공부를 마치고 한국에 돌아오니, 때마침 우리나라에도 퍼스널 쇼퍼가 거론되는 중이었다. 그리고 지금 내가 대표로 있는 퍼스널 이미지 연구소가 국내에서 첫 번째 퍼스널 쇼퍼로 활약하게 되었다. 당시 LG패션(현재 명칭 LF)에서 론칭한 알베로라는 브랜드에서 매장에 퍼스널 쇼퍼를 두고 싶다고 했는데, 한 브랜드에서 퍼스널 쇼퍼를 갖추고 있던 것도 처음이었다. 주말이면 여섯 개 백화점에 우리 직원들이 파견을 나갔고, 그러다 6개월 후부터는 현대백화점 압구정 본점에 우리 회사의 부스를 세우게 되었다. 신사복 매장의 고객들에게 퍼스널 쇼퍼로 일하며 개인의 요구나 취향을 접할 수 있었던 것은 나에게 큰 수확이었다. 그때 신사복 패턴이 각기 다르다는 점과, 그래서 남자들은 체형에 따라 입어야 하는 브랜드가 따로 있다는 점도 배우게 되었다. 하나하나의 일이 나에게는 모두 배움이었다. 그 일을 하며 축적된 지식이 훗날 대통령의 이미지를 컨설팅하는 데에도 큰 도움이 되었다.

이렇게 배우고 공부한 것들을 토대로 일일이 강의안을 만들면서, 그동안 축적된 콘텐츠들이 비로소 온전히 나의 것이 되었다. 그리고 그렇게 쌓인 지식들은 남들이 가져갈 수 없는 나만의 보물이 되고, 그 자체로 나만의 카리스마를 만들어주었다. 이런 나의 카리스마는 후천적으로 노력해서 만들어진 것이다. 이처럼 카리스마는 누구나 가질 수 있다.

외모에서부터 카리스마가 느껴지는 사람은 훨씬 수월하게 자신의 이미지를 갖춘 셈이다. 간혹 "너무 강해 보여서 고민이에요"라고 말하는 사람들이 있지만, 카리스마가 강한 사람이 부드러워지는 것은 어렵지 않다. 물론 노력이 필요하지만, 조금 더 웃어 보이고 의상이나 외적인 요소들로 부드럽게 보완을 하면 된다. '내가 굳이 그렇게 웃어야 하나'라고 생각하는 사람이 있다면, 그것도 방법이 없지는 않다. 연두색이나 노란색을 사용한다면, 얼굴은 가만히 있어도 친근한 느낌을 줄 수 있다.

그러나 부드러운 사람이 뒤늦게 외모적인 카리스마를 갖추기는 쉽지 않다. 곡선보다 직선의 요소들을 많이 사용하는 것이 도움은 되지만, 이는 몇 배의 노력이 더 필요하다. 이런 사람들은 차라리 다른 카리스마를 고려하는 편이 낫다. 나처럼 외모만으로 카리스마를 보여주는 것이 부족한 사람들은 자신의 직업이나 신념과 관련된 카리스마를 만드는 것이 필요하다. 내가 아카데미에서 교육을 하며 가장 안타까움을 느꼈던 것은 젊은 친구들이 너무 공부를 하지 않는다는 점이었다. 이미지 컨설턴트가 되겠다고 하면서 죽어도 공부를 하지 않는다. 그런 자세로 시험을 보면 100점 만점에 30∼40점이 나오는데, 이는 하고 싶은 사람의 태도가 아니다. 죽을 만큼 매달려 자기 분야의 지식을 쌓아놓았을 때, 억지로 만들지 않아도 자연스럽게 카리스마가 나온다.

피겨 스케이팅 대회가 열리기 전 리허설 현장을 보여줄 때가 있다. 출전한 선수들이 연습복을 입고 자유롭게 연습을 하는데, 거기에서 김연아 선수는 항상 눈에 띈다. 까만 트레이닝복을 입고 민낯을 해도 단연 돋보이는 모습이다. 어느 인터뷰를 보니, 그날 우승할 사람은 연습 현장에서도 대충 감이 잡힌다고 한다. 제일 당당하게 어깨를 펴고 링크의 가운데를 누비는 사람이 결국 우승을 하더라는 것이다. 충분히 연습을 해서 스스로 자신이 있을 때, 바로 그때 어깨에 힘이 들어가는 법이다.

그래서 나는 10년 뒤 완성된 카리스마를 가지고자 하는 20대들에게 강의할 때마다 반드시 하는 말이 있다. 한번 미쳐보라는 것이다. 연애에 미치든, 영화에 미치든, 춤에 미치든, 그 어디든 푹 빠져서 미쳐봐야 한다. 끝까지 자기를 던져보면, 그것으로 도달하게 되는 곳이 있다. 그것이 바로 공부의 힘이다. 책상에 앉아서 하는 공부만이 공부가 아니다. 물론 그런 공부에 미치는 것도 좋다. 그러나 연애에 미쳐 지내도 상관없다. 자기의 '풍부한' 경험을 토대로 연애 칼럼니스트가 되어 자신만의 카리스마를 내뿜는 사람들도 있으니까. 그것 역시 지식이다.

어느 분야에든 미쳐본 사람은 그것만으로도 카리스마가 있다. 교실 구석에만 앉아 있다가 애니메이션에 대한 이야기를 할 때 막힘없이 줄줄 말하는 아이가 있다면, 그 이후 아이의 존재감은 완전히 달라진다. 지식의 카리스마 때문이다.

그러니 미쳐라. 이왕이면 32세 이전에 미쳐봐라. 그 시기를 넘기면 어딘가에 미치기도 쉽지 않다.

20대는 미칠 수 있는 특권이 있다. 그래서 그 나이에 여러 분야를 다양하게 접하며, 경험을 쌓아보라고 말하고 싶다.

그리고 그 경험으로 32세에 종합적인 결론을 내야 한다.

자신의 카리스마에 대해서.

# 스타일을 모르는 남자들, 이것만은 기억하자!

옷차림만으로 사람을 판단하는 것은 자칫 큰 오류를 범할 수 있다. 그러나 옷차림의 힘을 과소평가하는 것 역시 어리석은 일이다. 혹시 지금 당신은 '정장을 입었으니 완성!'이라고 생각하고 있을지도 모른다. 그런데 근사한 정장 차림을 하고도 사소한 부분에서 범한 실수 때문에 스타일을 망치는 사람들이 꽤 많다.

아래의 내용만 기억해도 큰 실수는 피할 수 있으니, 꼭 체크해보도록 하자.

- 넥타이의 길이는 불문율이다. 넥타이는 벨트 라인에 와야 한다.
- 벨트와 서스펜더(멜빵)는 공존할 수 없는 아이템이다. 이 두 가지 중 양자택일을 하는 것이 스타일을 살리는 철칙이자 기본 원칙이다.
- 벨트와 구두의 색깔은 통일시킨다.
- 정장 차림에는 양말 연출에도 법칙이 있다. 바지의 색깔보다 진한 색의 양말을 신고, 발목 길이가 긴 양말을 신는 것은 더욱 중요하다.
- 바지 길이는 구두의 등에 닿아야 한다.
- 가방은 한쪽으로 메는 것보다 들 수 있는 제품으로 선택하여, 어깨에 주름이 지는 것을 방지하자. 아예 백팩을 메는 것이 더 활기차 보이기도 한다.
- 클라이언트의 취향, 모임의 성격에 맞추어 입는다.
- 선글라스는 야외용임을 잊지 마라.
- 멋쟁이는 더위에 흔들리지 않는다. 반팔 셔츠는 정장의 개념에서 벗어난 아이템이다.

감기에 걸렸을 때는 세 가지만 기억하면 된다고 한다. 잘 먹고, 잘 쉬고, 잘 자는 것. 그리고 사랑에 빠졌을 때는 다섯 가지만 생각하면 된다고 한다. 왜 이 사람일까, 어째서 이 사람일까, 하필이면 이 사람일까, 정말 이 사람일까, 진짜 이 사람일까.

그렇다면 스타일을 완성하기 위해서는 몇 가지를 생각해야 할까? 바로 '메이크업, 옷감, 재킷 길이, 스커트 길이, 가방, 스타킹, 구두'라는 일곱 가지만 생각하면 된다!

아래 사항을 꼼꼼하게 체크해서 스타일에 대한 고민을 내려놓자.

- 비즈니스에서 메이크업을 하지 않으면 전문가로 보이지 않는다.
- 여성의 키가 162센티미터가 넘지 않는 경우, 길지 않은 헤어스타일이 더 잘 어울린다.
- 직접 고객을 상대하는 직업인 경우, 얼굴로 향하는 액세서리를 하는 것이 좋다.
- 통통한 여성은 의상의 옷감에 신경써야 한다.
- 자신의 몸에서 가로로 가장 넓은 부분에 재킷 끝단이 내려오지 않아야 한다.
- 비즈니스용 스커트는 무릎에서 10센티미터 위까지가 한계선이다.
- 가방과 구두의 컬러를 통일할 필요는 없다.
- 스타킹은 스커트의 컬러와 비슷한 것이 좋다.
- 스커트에는 힐을 신어야 한다.

# 카리스마 있는 이미지 만들기

당신의 매력에 대해
치밀하게 계산하고, 과감하게 시도하고, 섹시하게 발산하라.
카리스마는 그 모든 것의 원동력이다.

# 32세
## 사회의 중심인 당신

"아, 그냥 야당 뽑으면 되지 무슨……. 사람이 뭐가 중요해."

"구관이 명관이지. 그리고 우리 같은 사람이 뭘 아나? 배운 사람들이 알아서 하겠지."

선거를 며칠 앞둔 어느 날 아침, 식탁에서 부모님이 나누는 이야기를 듣던 나는 조용히 숟가락을 내려놓는다. 그리고 부모님이 잘 알아들을 수 있게 후보별 특징과 공약 등을 알려드린다. 그렇게 설명을 끝낸 후 뜨거운 차를 텀블러에 담는다. 매일 아침 테이크아웃 커피 대신 집에서 우려낸 차를 텀블러에 담고, 하루 종일 개인 컵으로 그 텀블러를 쓰곤 한다.

얼마 전부터 사무실의 비슷한 나이대 직원들이 합심해서 물티슈를 사용하지 않기로 했다. 무심히 쓰던 물티슈가 엄청나게 많은 쓰레기를 만들어낸다는 사실을 알게 된 후에 누가 먼저랄 것도 없이 자발적으로 결정한 일이다. 그날 이후 직원들의 책상에는 작은 극세사 걸레가 하나씩 놓여졌다. 또 종이컵이 사라지고, 머그컵과 텀블러가 자리 잡았다.

요즘 여직원들 사이에서 한참 유행하는 것은 에코백이다. 무겁고 비싼 가죽 가방보다 천으로 만들어진 가방을 더 선호한다. 처음에는 회사에 천 가방을 들고 다니는 것이 어색했지만, 흐물거리지 않고 마치

가죽처럼 모양이 잡힌 제품이 많이 나오면서 그 부분이 해결되었다. 이렇게 텀블러와 에코백 같은 아이템에 관심을 가지다보니, 회사 내에서도 자연스레 환경 보호를 실천하는 사람들끼리 모이게 되었다.

대부분 30~40대인 사람들은 서로 자신의 아이템을 공유하기도 하고, 친목을 나누며 가끔 주말에는 인근 산으로 환경 정비를 가기도 한다. 얼마 전에는 이런 모임을 알고 회사에서 후원도 해주었다. 덕분에 이번 주에는 흙 위로 드러난 나무뿌리를 덮어주는 일을 하고 올 수 있을 것 같다. 워낙 환경에 관심이 많다보니 신규 아이템 제안에도 환경 관련 제품이 몇 개 올라가 있다. 사업 차원에서도 진지하게 고민 중이다.

텀블러와 에코백을 사랑하는 나는 다음 주 주말, 동네에서 열리는 에코마켓에 참여할 예정이다. 집에서 짬짬이 만든 친환경 수세미와 텀블러 홀더, 그리고 손뜨개 파우치 등을 팔아보려 한다. 그런 모임에 자주 나가면서 국토 개발에도 관심이 커졌다. 뜨거운 이슈였던 여러 개발에 관해 깊이 알고 있으며, 향후 필요하다면 집회에도 적극 참석할 예정이다.

당신은 32세.
몸 안에 휘몰아치는 열정의 소용돌이.
당신은 사회의 흐름을 만들어내는 소용돌이 안에 다른 사람들을 기꺼이 참여시킬 수 있는 능력이 가득한 이 시대의 중심이다.

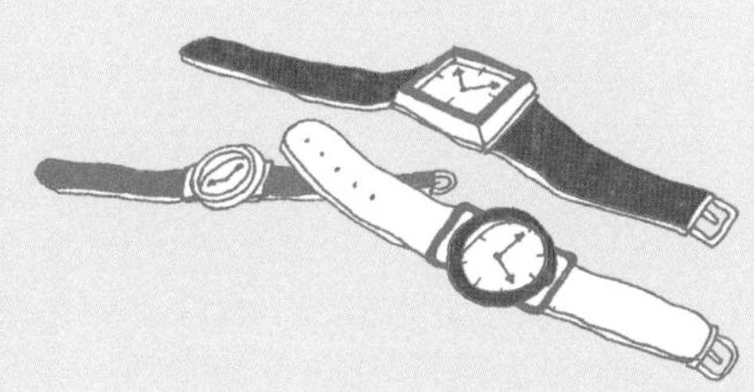

# 말라도 뚱뚱해도
# 섹시미는 가능하다



이미지 컨설팅을 할 때는 기본적으로 사람의 이미지를 직선
과 곡선으로 나눈다. 여기에서 직선, 곡선이라는 말은 체형만
을 의미하지 않는다. 성격이나 태도 등등 많은 것을 지칭한다
고 할 수 있다.

먼저 곡선형은 표정이 밝고, 얼굴에 항상 미소를 띠고 있다.
오바마 대통령이나 노무현 전 대통령은 웃는 얼굴인 곡선형이
다. 반면에 이명박 전 대통령이나 홍명보 전 축구 감독은 직선
형이라 하겠다. 직선형은 카리스마가 단박에 드러나고, 어디
를 가든지 눈에 띈다.

그러나 이미지를 바꾸기란 어려운 일이다. 옷이나 머리 모양

을 조금 바꾼다고 해서 이미 가지고 있는 이미지가 쉽게 변하지는 않는다. 직선형의 사람이 자신의 이미지를 바꾸기 위해서는 곡선형보다 더 많은 노력이 필요하다. 자주 웃는다든지, 말을 더 많이 한다든지, 컬러를 밝게 쓴다든지 하는 변화의 노력이 필요한 것이다. 곡선형인 사람은 그보다 변화가 더 쉬운 편이다. 기존의 이미지가 강하지 않기 때문에 옷 입는 스타일만 조금 바꾸어도 이미지가 확 변신한다. 나 또한 곡선형으로, 캐주얼을 입다가 위에 재킷만 더 걸쳐도 다른 사람 같다는 말을 듣는다. 그러나 곡선형인 사람은 카리스마가 없는 경우가 많다. 그래서 외모에서 카리스마를 주려면 직선을 만들어주는 작업이 필요하다. 가르마 선이나 정장의 선도 이용할 수 있다. 간단히 말해 직선형의 80퍼센트는 카리스마가 있다면, 곡선형의 80퍼센트는 카리스마가 없다.

직업적인 면에서 살펴보자면, 직선형은 비즈니스 이미지가 강조되는 직업에 어울린다. 그런 직종에 있는 사람이라면 자신의 직선 이미지를 적극적으로 활용하면 된다. 곡선형이 그런 직업을 가지고 있는 경우에는 많은 요소를 동원해 자신의 부족한 이미지를 보완해야 한다. 그러나 이것은 외적인 이미지에 국한된 이야기이고, 이미 어떤 종류의 카리스마가 만들어진 사람이라면 좀 더 쉬워진다. 즉 카리스마가 갖춰진 곡선형은 의상이나 소품을 크게 바꾸지 않아도 그 사람이 하는 일과 정체성에 대해 힘 있게 표현될 가능성이 크다.

직선과 곡선으로 할 수 있는 가장 직관적인 컨설팅은 '라인'에 대한 것이다. 라인 컨설팅은 다른 말로 체형 컨설팅이라고 할 수 있다. 우리의 몸은 누구나 실루엣을 가지고 있다. 그 실루엣이 흐르는 느낌이든 울룩불룩한 느낌이든, 혹은 뚝뚝 떨어지는 느낌이든 간에 어떤 느낌이 자신에게 맞는지를 알아야 몸에 맞는 옷을 골라 입을 수 있다.

예를 들어 비키니를 입은 여자의 사진을 보았을 때, 평소에는 마른 여자들이 비키니를 입은 모습을 동경하고 있다가도 실제로 찍힌 사진을 보고 고개를 갸우뚱한 적이 있을 것이다. 살면서 한 번쯤은 뼈와 가죽만 남아 보일 만큼 말랐으면 좋겠다는 생각을 해보았던 사람일지라도, 실상 깡마른 여자가 비키니를 입고 찍은 사진을 보면서 부럽다는 느낌을 받기는 어렵다. 그 이유는 다음과 같다. 비키니는 가슴 라인을 강조하고 몸을 드러내는 의상이기 때문에, 지나치게 마른 몸매보다는 글래머러스한 체형에 더 잘 어울린다. 만약 당신이 어떤 옷을 입었을 때는 평소보다 날씬해 보이는데, 다른 옷을 입으면 거대해

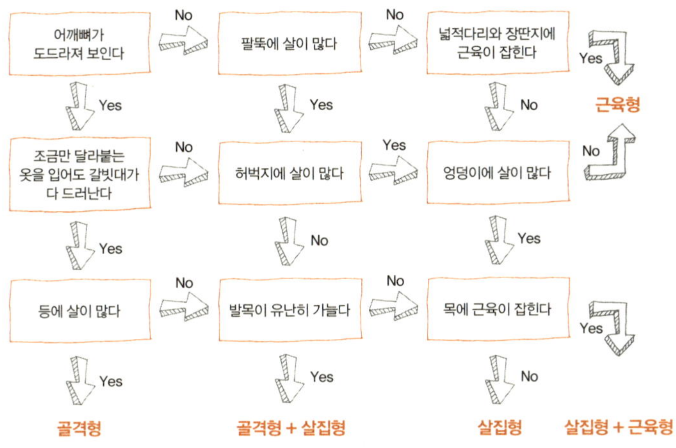


보이는 체형을 가졌다면, 자신의 라인이 어디에 속해 있는지를 먼저 파악해볼 필요가 있다.

체형 테스트 도표를 참고하여, 자신의 체형이 어떤 형태인지 판단해보자.

• **골격형**: 골격형은 뼈가 다 보이게 마른 체형을 말한다. 이해를 돕기 위해 연예인을 예로 들자면 공효진, 홍진경처럼 마르고 가는 몸매의 사람들이 대부분 이 체형에 속한다. 이런 체형은 직선의

이미지를 가지고 있다. 따라서 옷을 고를 때에도 두껍거나 빳빳한 느낌의 옷감 또는 잔주름이 많이 잡히는 옷감을 고르는 것이 좋다.

- **살집형**: 살집형은 직선보다는 곡선 형태이다. 이런 사람들이 직각 형태로 옷을 입으면, 실제보다 훨씬 더 뚱뚱해 보인다. 뼈는 얇아도 그 주변을 살이 꼼꼼하게 싸고 있기 때문에 동글동글하게 보이는 체형이라 하겠다. 이런 사람들은 온몸에 살이 붙지 않은 곳이 거의 없어 딱 봐도 곡선의 느낌을 가지고 있다. 딱딱한 옷감은 오히려 그들의 몸매를 드러내기 때문에, 부드럽게 몸을 감싸는 재질의 옷감으로 입는 것이 효과적이다. 또한 의상의 라인도 곡선의 형태로 몸매를 감싸는 것이 좋다. 단, 살집형이 카리스마를 보완하고 싶을 때는 강한 대비를 활용하는 것이 안전하다. 극명한 컬러 콘트라스트를 통해 사선 등으로 분할이 되는 이미지를 보완하면, 좀 더 카리스마 있는 모습을 갖출 수 있다.

- **근육형**: 근육형은 살집형과는 달리 어깨, 팔뚝, 장딴지 등에 근육을 가지고 있다. 전체적인 실루엣이 긴장된 근육의 형태로 나타난다. 세라 제시카 파커나 마돈나 등이 근육형이다. 이들은 마른 체형의 직선형이라기보다는 긴장된 곡선에 가깝다. 따라서 근육형 라인을 가진 사람들은 도톰한 형태미를 가진 옷감을 사용하

는 것이 좋다. 하늘거리는 옷감의 경우, 뻣뻣한 느낌의 옷감과 매치해서 활용하는 것이 효율적이다. 다시 말해서 딱 떨어지는 상의에 하늘거리는 하의 등을 매치하는 식으로 입는 것이 좋다.

- **골격형 + 살집형:** 골격과 살집이 어우러진 라인은 우리나라 사람들이 가장 선호하는 체형이다. 어깨와 윗가슴과 갈빗대는 골격으로 이루어지고 엉덩이, 등, 넓적다리, 팔뚝, 배는 살집으로 이루어진 모습이 바로 골격형과 살집형이 어우러진 체형이다. 이런 사람들은 상체는 직선 라인, 하체는 곡선 라인을 가지고 있다. 이런 경우 골격형인 부분은 뻣뻣하게 떨어지는 옷감을, 살집형인 부분은 부드럽게 감기는 옷감을 이용하는 것이 좋다.

- **살집형 + 근육형:** 살집과 근육이 더해진 이 체형은 전반적으로 둥글고 크게 보인다. 이들은 중간 정도의 형태미를 가진 옷감을 활용해야 한다. 근육이 있는 곳은 뻣뻣하지 않은 옷감을, 살집이 있는 곳은 부드럽지 않은 옷감을 활용하는 것이 좋다.

직선 이미지와 곡선 이미지 둘 다 보완해야 할 공통적인 부분을 꼽는다면, 섹시미라고 할 수 있다.

사실 우리나라에서 아직까지 섹시하다는 의미는 야하다거나 선정적이라는 느낌이 더 강하다. 그러나 학문학적으로 섹시미를 정의하면 육체미에 카리스마, 거기에 백치미까지 더해져야 한다. 즉 굉장히 복합적인 매력을 의미하는 것이다. 문제는 학문학적으로 섹시함의 요건을 다 갖춘 여자는 카리스마 때문에 섹시하지 않게 보인다는 점이다. 마찬가지로 학문학적인 섹시함의 요건을 다 갖춘 남자는 백치미 때문에 섹시하다는 평가를 받지 못한다.

오히려 남자는 여자의 가슴과 엉덩이에 섹시함을 느끼고, 여자는 남자가 힘의 카리스마를 보일 때 섹시함을 느낀다. 언제 남자에게 섹시함을 느끼는지 여자들에게 질문을 던지면, 대부분 이런 상황을 묘사한다.

"그거, 있잖아요. 미간은 살짝 찌푸리고, 와이셔츠 소매를 걷어 올리고, 넥타이는 좀 헐렁하게……. 컴퓨터 모니터를 보면서 바쁘게 일하는데, 전화가 오는 거죠. 오른쪽 어깨와 귀 사이에 전화기를 대고 살짝 목을 기울일 때, 그 목 라인!"

"저는 운전할 때요. 왼손으로 핸들을 휙 돌리면서, 오른손은 보조의자 뒤로 척 얹고 폭풍 후진! 그때 왼팔에 서는 핏줄을 보면 완전 녹아요!"

"전 물통 바꿔줄 때요. 정수기 물이 다 떨어져서 어쩌나 하고 서 있는데, 성큼성큼 걸어와 말없이 바꿔주고 가버리는 그 뒷

모습! 물통을 갈아주고 시크하게 사라지는 그 모습이 완전 섹시해요!"

이와 달리 남자들의 표현은 훨씬 간단하다. 그들이 "어우, 가슴이!" 혹은 "와, 라인이!" 하는 정도로 말한다면, 충분히 섹시함을 느끼고 있는 것이다.

최근 들어 섹시함은 조금씩 그 의미가 바뀌어 '매력적이다'라는 것으로 변화했다. 자신의 매력을 아는 사람은 그 부분에서 당당해질 수 있다. 그리고 당당해지는 순간, 카리스마는 만들어지기 시작한다. 자신만의 카리스마를 계발하고, 공부를 하고, 포인트를 찾는 것 역시 모두 자기의 섹시미, 즉 매력적인 부분과 가장 예쁜 부분을 찾는 과정이라고 할 수 있다. 문제는 이 섹시미의 관점이 나라마다 다르다는 데 있다.

컨설팅을 하면서 여름마다 미국으로 건너가 공부를 할 때, 한번은 데이트에 가는 여자를 컨설팅하라는 과제가 떨어졌다. 그녀는 진짜 고객이었다. 나는 그녀에게 분홍색 옷을 입히고, 레이스도 약간 들어간 여성스러운 이미지로 설정했다. 그런데 그런 컨설팅으로 인해 교수님에게 크게 야단을 맞았다. 내가 그녀를 로라 잉걸스 와일더의 소설 '초원의 집' 시리즈에 나오

     카리스마 있는 이미지 만들기

는 주인공 로라의 이미지로 만들었다는 말씀이었다. 그 이미지는 미국에서는 여동생의 이미지이지, 데이트하고 싶은 이성의 이미지가 아니라고 했다.

이렇게 사람들이 섹시하고 매력적이라고 느끼는 관점은 유럽에서나 백인들이 생각하는 이미지와 우리가 생각하는 이미지가 큰 차이점을 보인다. 우리나라 남자들이 좋아하는 여성의 이미지는 그야말로 여성스러워야 하고, 마냥 동생 같거나 너무 강하면 안 된다.

이와는 좀 다르게 미국에서는 여성이 기본적으로 카리스마적인 요소도 있어야 하고, 백치미도 흘러야 하고, 육체미는 당연하다. 호감 가는 미국의 여성상은 이런 면이 부각되어야 하는 것인데, 나는 과하게 여성적인 요소로 도배를 했으니 당연히 스승으로부터 실패한 컨설팅이라는 평을 들을 수밖에 없었다. 실제로 내가 이미지 컨설팅을 했던 그 여자는 키스도 받지 못하고 데이트가 끝났다고 했다. 미국에서는 데이트를 하면 인사로라도 문 앞에서 키스는 받아야 하는데, 완전히 나의 컨설팅이 망한 것이나 다름없었다.

바로 이것이 우리나라와의 관점 차이이다. 우리나라는 그 당시 내가 컨설팅을 한 대로 데이트에 나가야 남자들이 매력적이라고 느꼈을 것이다. 반대로 만약 우리나라에서 쫙 붙는 빨간 원피스를 입혀서 데이트에 내보낸다면? 그것은 이태원이나 클럽에서 통할 이미지이지, 소개팅이나 첫 데이트에는 금물인 차림새이다. 나는 이 경험을 통해 사람을 매력적으로 보는 관점은 나라마다 아주 다르다는 것을 절감했다.

이런 관점의 차이는 성별에 따라서도 극명하게 드러난다. 예를 들어 우리나라의 여자들이 남자들을 볼 때 매력적으로 받아들이는 경우는 로맨틱한 느낌을 주는 사람이다. 남자가 백치미를 보이는 것은 질색하는 여자가 많다. 또 과하게 몸이 크고 근육이 넘치는 것은 선호하지 않는다. 다시 말해서 남자를 보는데 소위 '몸이 좋다'는 것이 그리 크게 어필하지 않는다는 뜻이다. 물론 개인마다 차이는 있을 것이다.

미국 유학 시절, 나의 스승은 꽤 뚱뚱한 편이었다. 스스로도 인지하고 있어서 1년 365일 다이어트를 했고, 또 저녁 식사를 할 때면 꼭 샐러드를 시키는 터라 나는 그녀가 항상 몸에 신경 쓰고 있다는 것을 알 수 있었다. 그러나 미국 여성의 몸매에 대한 태도는 우리나라 여성들과는 좀 다르다. 뚱뚱하다고 해서 전혀 위축되지 않다. 여성성을 한껏 드러내고, 당당함이 있다. 그녀뿐만 아니라 많은 여성이 영화 「미녀는 괴로워」처럼 좋아하는 남자 앞에 당당하게 나서고 싶다는 이유만으로 전신 성형을 하겠다는 생각은 하지 않는다. '뚱뚱한 것과 남자에게 매력을 어필하는 것이 대체 무슨 상관인가?'라는 사고방식과, 자신의 단점에 집착하기보다 강점을 강조할 줄 아는 자신감이 있다. 자신의 다른 장점을 극대화해서 그것을 상대방에게 부각시키는 것이다.

누구나 섹시함을 가지고 있다. 본인의 체형이 직선이든 곡선이든, 얼굴형이 직선이든 곡선이든 간에 그 안에는 자신만의 섹시함이 숨 쉬고 있다. 그것은 헐벗고 드러내는 야함이 아니라 차곡차곡 쌓인 매력의 기운이다. 만약 자신에게 그런 면이 전혀 없다고 생각한다면, 당신은 스스로를 지나치게 폄하하고 있는 것이 분명하다.

잘 생각해보자. 스스로 언제 가장 반짝이는지를.

그 반짝이는 지점 안에 당신의 카리스마 씨앗이 섹시하게 움트고 있을 것이다.

카리스마 있는 이미지 만들기

# 세상이
# 알록달록한 이유



나는 웃음이 필요하다 싶을 때면, 야한 이야기를 한다. 몇 가지 레퍼토리가 있다.

어색하고 딱딱한 태도의 중년층에게 단번에 통하는 레퍼토리는 이것이다. "지금 무슨 색깔의 팬티를 입고 있으세요?" 그러면 키득키득 웃음이 나온다. 이런저런 답들이 튀어나오면, 나는 여섯 가지 색깔 분류에 따라 그들에게 해석을 해준다. 신기하게도 속옷 색깔에 한 사람의 성향이 고스란히 드러나는데, 이런 경향은 조사를 해보면 해볼수록 확실해진다.

속옷은 개인의 취향이 가장 뚜렷하게 반영되는 아이템이다. 정장의 경우, 그런 차림을 싫어하는 사람일지라도 일 때문에 어쩔 수 없이 입어야 하는 때가 있다. 또 캐주얼 차림이 어색하더라도 그것을 입어야 하는 경우도 있다. 이렇게 겉옷은 자신의 취향과 상관없이 입게 되기도 하지만, 속옷은 그렇지 않다. 멀끔한 정장 안에 분홍색 타조 털이 달린 팬티를 입었다고 한들 누가 뭐라고 할 것은 아니기 때문이다. 여자들의 경우는 대부분 나이가 들수록 속옷이 화려해진다. 젊음에 대한 동경과 열정의 추구, 그리고 숨겨진 욕망을 속옷의 화려한 컬러로 발산하는 경향이 많은 까닭이다.

우리나라 인구의 48퍼센트 가량이 파란색을 가장 좋아하는 컬러로 꼽는다. 그들은 기본적으로 성향이 보수적이고, 안정적인 사람들이다. 그들은 팬티 색깔도 동일한 색을 좋아한다. 다른 컬러를 선호하는 사람들은 더 융통성이 있어서, 유행하는 아이템이라든가 누가 선물한다든가 하는 것을 입기도 한다. 그러나 파란색을 선호하는 사람들은 융통성이 있는 편이 아니다. 여자가 파란색을 좋아하면, 팬티 색깔은 딱 다섯 가지이다. 그것은 흰색, 분홍색, 베이지, 연한 파스텔, 검은색이다. 남자들도 몇 가지 취향으로 정리되는데, 파란색을 좋아하는 유형이 입는 팬티가 따로 있다. 파란색을 좋아하는 남자가 입는 속옷 색깔은 파란색, 남색, 회색, 흰색이다. 의외로 흰색이 많은데,

　　　　　　　　　　　　카리스마 있는 이미지 만들기

이들 중 30대 중반이 넘어가면 삼각보다 사각을 선호한다. 워낙 다양한 상품들이 나오고 예전보다는 많이 컬러풀해졌지만, 파란색을 좋아하는 사람들은 그 컬러에서 크게 벗어나지 않는다.

그렇다면 당신은 과연 어떤 성향일까? 굳이 팬티 색깔에 집중하지 않아도 된다. 그냥 마음이 가는 대로 다음의 여섯 가지 중 가장 마음에 드는 색깔을 골라보자. 오래 생각하지 말고 한눈에 훑었을 때 끌리는 색을 고르면 된다. 단, 여섯 가지 색깔을 다 고르지는 말자. 세 가지 정도까지는 괜찮다.

### 빨간색

빨간색은 힘, 열정, 사랑, 심장, 미움 등 강한 감정을 표현하는 색깔이다. 빨간색을 선택한 사람들은 특히 돈과 관련이 깊다. 우리나라 기업체 임원들 중 70퍼센트 이상이 빨간색을 좋아한다. 또 부자의 상징이기도 한 빨간색을 선호하는 사람들은 정확한 것을 원한다. 그래서 여러 가지 물건을 내놓고 사라고 하면 화를 내는 까닭에 딱 두 개만 놓고 고르라고 하든가, 몇 개만 보여주고 이쪽이 좀 더 낫다고 권해주는 것을 선호하는 편이다.

빨간색을 좋아하는 사람들은 흑백논리가 강하고, 좋고 싫은 것이 분명하다. 친해지기 쉬운 사람들은 아니지만, 일단 친해지면 오래가는 편이다. 그러나 한 번 아니다 싶은 생각을 하면, 오랜 시간 공을 들였던 것도 한순간에 버릴 수 있다.

이런 사람들은 자신의 부를 과시하는 브랜드 노출형 명품보다 자신만이 소유할 수 있거나 티가 나지 않아도 취향에 맞는 것을 구매해서 쓴다. 다른 사람들이 '고급스러워 보이는데 대체 저 물건이 어디 브랜드일까?' 하고 궁금해하는 것을 주로 사용한다.

### 파란색

파란색은 많은 사람이 무난하게 좋아하는 색깔이다. 앞서 말했듯이 우리나라 인구의 절반 가량이 파란색을 좋아하는 것으로 나타났다. 파란색은 지식, 엄마, 지구, 권력, 하늘, 물 등의 이미지를 가지고 있으며, 성공지향적인 대부분의 남자들이 이 색깔을 선호한다.

남자들은 의상에서의 선택 범위가 그다지 넓은 편이 아니기 때문에, 특히 겉으로 보이지 않는 속옷에서 파란색을 주로 선택한다. 부인이나 여자 친구가 아니라 자신이 고를 경우 파란색, 진한 남색 등을 구매하곤 한다.

보통 파란색을 좋아하는 사람들은 보수적이고 안정을 추구한다. 간단히 말해 빨간색이 '돈'이라면, 파란색은 '명예'이다. 전 세계적으로 보수당이 파란색을 상징으로 사용하는 것도 이런 점 때문이고, 은행과 같은 금융권에서 많이 보이는 까닭도 이 때문이다. 우리나라의 삼성 같은 경우도 안심하고 오래 쓸 수 있는 브랜드 이미지를 파란색으로 표현하고 있는 셈이다.

### 노란색

노란색은 태양의 색이며, 그 빛을 받는 달의 색이기도 하다. 노란색을 좋아하는 사람들은 항상 깨어 있고, 새로운 것을 추구하는 경향이 강하다. 노란색은 개혁과 혁신의 색깔이기 때문에 전 세계적으로 개혁당이 노란 깃발을 사용한다. 또한 이는 시민운동 단체들이 노란색을 많이 쓰는 이유이기도 하다. 불의를 참지 못하는 정의로움은 노란색의 숨겨진 특징이다.

노란색을 좋아하는 사람들은 어딘가 조금씩 튀는 면이 있고, 입바른 소리를 잘한다거나 불의를 보면 참지 못한다. 만약 당신이 신입사원인데 노란색을 좋아한다면, 상사에게 바른 소리를 할 가능성이 높다. 그러므로 어느 정도 위치에 올라가서 진가를 발휘하기 전에는 무언가 의견을 말하기에 앞서 한 번 걸러내는 것을 습관화해야 한다.

노란색을 좋아하는 사람들은 명품을 선호하는 경향이 있다. 현금보다는 신용카드의 사용을 선호하고, 같은 물건이라면 더 비싸고 좋은 것을 선택하는 편이다. 가격보다는 가치를 중요시하기 때문에 군말 없이 비싼 가격을 지불하는 편이기도 하다. 나만을 위해 준비된 것, 희소성이 있는 것에 매력을 느끼는 사람들이다.

### 주황색

주황색은 공유를 나타낸다. 따뜻하고 온화하며, 즐거운 기운을 가지고 있는 색깔이다. 이 색을 좋아하는 사람들은 마치 어미 새와 같아서 모임을 가거나 어딘가를 방문할 때, 빈손으로 가는 경우가 없다. 거창한 것이 아니라 소소한 것들을 배려하고 나누는 사람들이다. 그러나 겉으로는 낙천적이고 즐거워 보일지라도 속으로는 외로운 사람들이 많다. 조직생활에서 잘 화합하는 사람들이지만, 한편으로는 외골수로 한길만 깊게 파기도 하다.

단골집을 쉽게 바꾸지 않고 자기 마음에 드는 집만 몇 년째 이용하는 사람들, 단골 점원이나 미용사가 자리를 옮기면 함께 옮기는 사람들 중에 주황색을 좋아하는 경우가 많다. 이들은 물건을 사거나 서비스를 이용하면서 결국은 사람을 중심에 두는 경향이 있다.

### 초록색

초록색은 소유욕과 집착, 고집과 확고함을 나타낸다. 따라서 이 색깔을 좋아하는 사람들은 자기가 속한 집단이나 사회에 대한 애착이 강한 편이다. 또한 신념도 강해서 고집스럽게 목표를 이루어내며, 원하는 목표를 정하면 엄청난 추진력으로 성과를 낸다. 그렇지만 융통성이 없어 고집을 부리다가 손해를 보는 경우도 종종 발생한다. 충동구매가 없고 취향도 까다롭지만, 자기가 살 것을 확실하게 정하고 가는 사람들이기 때문에 물건을 파는 사람 입장에서는 오히려 수월한 면도 있다.

단, 융통성이 부족한 까닭에 조직생활을 할 때는 어려움이 발생하는 경우도 있다.

### 보라색

보라색은 변화의 색이다. 또한 강렬한 호기심의 색이기도 하다. 보라색을 좋아하는 사람들은 스스로를 미숙하고 부족하다고 여기기 때문에 무엇이든 열심히 배우고, 사람들을 만나서도 모두를 스승으로 삼겠다는 마음가짐이 강하다. 술을 잘 마시지 못하거나 좋아하지 않아도 술자리에서 빼지 않고 함께 즐기기를 좋아한다.

회사를 다니면서도 무언가를 배우거나, 전문가처럼 취미를 즐기기도 한다. 이들은 새로운 것을 배우는 데에서 인생의 희열을 느낀다. 사교성이 좋지만 주관도 강해서, 물건을 사러 갔을 때 점원의 말을 열심히 듣고는 결국 자기 마음에 드는 것을 골라서 나오곤 한다.

사실 이 여섯 가지 컬러에 대한 분석과 팬티 컬러 성향은 내가 10년에 걸쳐 연구한 것이다. 강의를 다니면서 질문을 하며 데이터를 모았는데, 특히 팬티는 많은 것을 말해준다. 남자는 팬티 종류에 따라 성 심리도 다르다. 삼각, 사각, 드로어즈 중 어떤 스타일의 팬티를 입는 사람과 결혼해야 할까? 가장 성에 대한 욕구가 많은 사람이 입는 것은 삼각이고, 나이가 들수록 사각 트렁크로 간다. 트렁크를 좋아한다는 것은 이미 성에 대한 욕구가 많지 않음을 나타낸다. 또 파란색을 좋아하는 사람들이 트렁크를 입는 경우가 많은데, 파란색은 명예를 우선으로

    카리스마 있는 이미지 만들기

하지 욕구를 우선시하지는 않는다는 점에서도 알 수 있다.

한편 컬러로 알아보는 성향은 시대의 영향을 받기도 한다. 한동안 트렁크가 패셔너블한 것으로 인식되었던 적이 있다. 성에 대해 개방적인 시대가 아니었다. 요즘 와서 드로어즈가 유행하는 이유는 나이 든 사람들이 성에 대해서 개방적으로 변모하고, 성이 중시되기 때문이다. 옛날 트렁크를 선호하던 시절은 부부가 성생활을 하지 않아도 문제가 되지 않았던 시대라면, 지금은 부부들에게 성이 대단히 중요하게 인식되는 시대이다. 그에 발맞추어 남자들의 속옷이 더 붙고 컬러풀해지는 추세이다.

한 가지 주의할 점은 이렇게 컬러로 사람을 파악하는 것이 절대적인 결론은 아니므로, 과하게 맹신해서는 안 된다는 것이다. 사람은 100명이 있으면 200개의 캐릭터가 나올 수 있을 만큼 다양성을 가진 존재이다. 우선순위나 좋아하는 정도에 따라 수천, 수만 가지로도 나눌 수 있다.

또한 좋아하는 컬러가 이미지 컨설팅으로 바로 이어지는 것도 아니다. 남자의 경우 넥타이나 속옷은 좋아하는 색으로 고를 수 있지만, 정장은 그렇지 못하다. 빨간색을 좋아한다고 해서 빨간색의 정장을 입을 수는 없으니 말이다. 여자의 경우도 좋아하는 컬러보다는 자신에게 더 어울리는 컬러를 고르는 경우가 많다. 소품이나 액세서리 정도만 좋아하는 컬러로 고르기 마련이다.

따라서 여섯 가지의 컬러로 사람들의 성향을 정확하게 구분 지을 수는 없겠지만, 상대방을 더 잘 알고 싶을 때 참고 자료 정도로 활용하는 것이 좋겠다.

# 어울리는 것이냐
# 좋아하는 것이냐



앞에서 이야기했던 것처럼 어울리는 것과 좋아하는 것이 항상 일치하지는 않는다. 남자들은 본인이 좋아하는 컬러를 고르는 경향이 크지만, 여자들은 그보다는 자신에게 어울리는 컬러를 고르는 경우가 더 많다.

만약 자신이 스트라이프 마니아라고 하더라도 지금 만들고자 하는 이미지, 구축하고자 하는 카리스마와 반대된다면 과감하게 스트라이프를 버려야 한다. 컬러도 마찬가지이다. 평소 좋아하는 컬러가 연한 하늘색이라고 해서 강한 힘의 이미지를 보여주어야 하는 자리에 하늘색 계열로 코디를 해서는 안 된다. 당신이 목표가 없고 만들고 싶은 카리스마도 없다면

상관없지만, 그렇지 않다면 반드시 컬러와 패턴을 전략적으로
활용해야 한다.

전에 어떤 기업체를 갔을 때, 상당히 잘생긴 신입사원이 고
민을 토로했다. 30대의 그 남자는 스스로 카리스마가 없다고
말했다. 가만히 인상을 살펴봤더니 너무 부드러워 보였다. 그
리고 더 큰 문제는 안경이었다. 자기의 어느 부분에 카리스마
가 있는지 찾아야 하는데, 그의 경우는 눈이었다. 강동원처럼
옆으로 쭉 찢어진 눈에 눈빛도 좋았다. 그 눈을 조영남 안경으
로 가리고 있는 것이 큰 문제였다. 나는 아주 얇은 철로 만들어
진 안경테에 프레임이 작은 안경으로 바꿔 쓰라고 권했다. 본
인이 아무리 뿔테 안경을 좋아한다고 해도 카리스마를 만드는
데 도움이 되지 않는다면, 과감하게 바꾸어 사용할 줄 알아야
한다.

또 언젠가는 모 금융회사의 CEO에게 강의를 잘하는 방법에
대한 의뢰가 들어와서 만난 적이 있다. 그는 한 시간짜리 강의
를 해야 하는데, 영 스타일이 만들어지지 않는다는 말을 했다.
그가 보여주는 강의 시연을 처음 접하고 나와서, 우리 회사의
이사와 자동으로 눈이 마주쳤다. 우리는 서로 '어떡해……'라

컬러와 패턴을
전략적으로 활용해야 한다.

는 눈빛을 주고받았고, 그 순간 내 머릿속에서는 도망쳐 나오고 싶다는 생각이 불끈 솟아올랐다. 그 분야의 실력자이고, 강단이 있는 사람이었으며, 대중을 주목시키는 힘도 있었지만, 그 카리스마가 강의를 이끌어나갈 만큼은 아니었다.

나이가 일흔이 넘은 의뢰인이었고, 배바지를 입는 사람이었다. PPT를 이용해서 강의를 했는데, 그 연세에 그것이 얼마나 불편하고 어색했겠는가. 부하 직원들이 만들어준 PPT 화면은 100가지가 넘었다. 화면만 넘기다가 시간이 다 흘러갈 판이었다. 아무리 그가 대단한 사람이라고 해도 강의 내용이 그렇게 재미없으면 주목도는 당연히 떨어질 수밖에 없다. 강의 경험이 많은 사람도 아니었고, 주변에서 냉정하게 평가해주는 사람도 없었고, 스스로도 자신을 객관적으로 볼 기회가 없었다. 또 그는 PPT 포인터를 마구 돌려서 정신없게 만들기도 했다. 게다가 회사에서는 그에게 스티브 잡스와 같은 프레젠테이션 방식을 원하고 있었다.

그런데 가만히 보니 그 CEO에게 강점이 있었다. 바로 자기 경험을 이야기하는 부분에서 흡입력 있는 카리스마가 더해진다는 점이었다. 어차피 듣는 사람도 한 시간짜리 강의에서 무엇인가를 많이 얻거나 크게 관심을 가지고 들어야겠다는 생각

　　　　　　　　　카리스마 있는 이미지 만들기

은 별로 하지 않는다. 거기에서 어떤 메시지 하나만 나오면 되는 것이다. 그래서 나는 그에게 가장 잘 알고 자신 있는 주제를 정해서 그것만 자세히 강의하고, 상대방에게 하나의 메시지를 던지라고 조언했다. 그렇게 방향을 바꾼 후, 지루한 강의 스타일이 확 바뀌어 성공적으로 끝마칠 수 있었다.

그는 자신의 강점과 약점을 분명히 파악하고 개선할 줄 아는 사람이었다. 그에게 한 달 동안 컨설팅을 했는데, 그때 내가 바꾸라고 요구한 사항들을 그는 거의 대부분 받아들였다. 나는 역시 난사람은 다르다 싶었고, 한편으로 무섭다는 생각도 들었다. 말로는 쉬울 것 같지만, 남의 말을 그대로 받아들여 바꾸는 것은 절대 쉬운 일이 아니다. 생각해보라. 친구가 "너, 문자 쓸 때 이모티콘 좀 줄여"라고 한들 그것 하나 받아들이는 게 어디 쉬운 일인가? 엄마가 "웃을 때 입 좀 가리고 웃어"라고 한들 그런 말을 잘 듣기는 하나? 조언을 받아들인다는 것은 결코 쉽지 않다. 더군다나 이미 어느 정도의 위치에 있는 사람들은 자신의 고집도 그만큼 강하기 때문에, 상대방의 말을 더더욱 쉽게 받아들이지 못하는 경향이 크다. 또 바꾸고 싶어도 버릇이라는 것이 쉽게 고쳐지지 않는다. 나는 이 사례를 통해 진심으로 변하고 싶은 사람만이 변할 수 있다는 사실을 깨달았다. 그 진심은 목표에서 나오는 것이 분명하다.

나를 소개하면, 많은 사람이 '대통령 넥타이를 유행시킨 주인공'이라는 말을 한다. 맞는 말이기도 하고, 틀린 말이기도 하다. 내가 이용한 넥타이 전략이 잘 맞아 떨어진 것은 사실이지만, 그것을 유행시키기 위해서 한 일은 아니기 때문이다.

당시 대통령 후보자를 처음 만난 것은 한참 선거운동을 하고 있을 때였다. 나는 기존에 있는 의상과 더불어 선거 전략에 맞는 코디를 구상해야 했다. 그래서 선거 캠프에 목표를 물어보았다. 어떻게 보이게끔 하고 싶냐고. 내 질문을 받은 캠프 사람들은 순간 어리둥절한 얼굴을 했다. 멀끔하고 멋있게 보이면 되는 것이 아니냐는 표정으로 그들이 나에게 대답해준 것은 "글쎄요. 상대 후보보다 좀 젊어 보이면 좋겠는데요"라는 것뿐이었다. 그러나 나는 젊어 보이는 것만이 중요한 요소는 아니라고 생각했다. 대선의 후보는 자신의 슬로건을 대표해야 한다. 그래야 자신이 말하는 공약에 힘이 실리고, 국민들의 신뢰를 얻을 수 있다. 주변을 살펴보니 선거의 캐치프레이즈가 경제 대통령이었다.

    카리스마 있는 이미지 만들기

‘경제 대통령.’

바로 그것이 그가 국민들에게 보여주어야 하는 이미지였고, 가져가야 할 카리스마였다. 그는 "젊고 패기 있는 사람이 경제를 이끌어나가겠다!"라는 것을 온몸으로 이미지화해서 보여주어야 했다.

그래서 내가 처음으로 선택한 전략은 밝은 컬러의 사용이었다. 어두운색은 사람을 나이 들어 보이게 한다. 중후한 카리스마를 만들어내기 위해서는 어두운색을 쓰는 것이 좋지만, 젊고 활기찬 이미지를 위해서는 밝은색을 활용해야 한다.

그리고 다음으로 선택한 전략이 바로 솔리드 넥타이였다. 만약 대통령의 이미지가 둥글둥글하고 부드러웠다면, 솔리드 넥타이를 선택하지 않고 사선으로 상승하는 이미지를 부여했을 것이다. 그렇지만 그는 이미 날카롭고 냉철하며 차가운 이미지를 충분히 가지고 있었기에, 이를 중화시키고 보완하고자 솔리드를 선택했다. 솔리드 중에서도 하늘색 등의 부드러운 컬러를 사용했고, 재질과 광택뿐만 아니라 희미하게 찍힌 자잘한 무늬들을 모두 다르게 배치해서 TV 연설용, 대민 활동용, 공식 석상용으로 분류하여 사용했다. TV 화면에 나올 때 재질에 따라 더 빛나 보이거나 번져 보이는 경우가 종종 있다는 점을 염두에 둔 컨설팅이었다.

푸른색은 앞에서 말한 것처럼 신뢰와 경제, 금융에 적합한 컬러이다. 그 때문에 미국의 대통령인 오바마도 선거운동 당시 젊은 추진력을 보이기 위해 남색을 사용하곤 했다. 오바마는 마른 체형이지만 눈, 코, 입이 둥글고 부드러운 이미지라 솔리드가 아닌 상승 이미지를 확실히 보여줄 수 있는 사선 스트라이프를 주로 사용했다는 점만 좀 다르다.

나는 그에게 하늘색 솔리드 넥타이와 목도리 등을 활용해서 젊은 경제 대통령의 이미지를 만들었다.

그리고 당선이 된 후 처음 이용한 컬러는 빨간색이었다. 힘의 색깔인 빨간색은 일인자만이 쓸 수 있는 일인자의 색이고, 강한 리더십을 드러낼 수 있는 색이기도 하다. 그래서 나는 대통령 당선 소감을 이야기하는 자리에서 전략적으로 빨간색 넥타이를 사용했다.

이후 한 번 더 컬러 전략을 사용했을 때는 당선된 후 현직 대통령과의 만남에서였다. 일반적으로 현직 대통령과 당선자 간에는 팽팽한 긴장감이 맴돌기 마련이다. 그래서 썼던 색깔이 바로 연두색이었다. 연두색은 밝고 화사한 소통의 색이지만,

　　　　　　　　　　　　　카리스마 있는 이미지 만들기

자신의 고집은 가지고 있다. 그런 이유로 나는 연두색을 표현할 때, '적과의 동침' 같은 색깔이라고 이야기한다. 따라서 여러 상대를 품어 안아야 하고 포용력을 보여주어야 하는 자리나, 껄끄러운 상대를 만날 때는 연두색을 활용하라고 권하는 경우가 많다. 비슷한 의미에서 취임식 날 역시 연두색 넥타이를 사용했다. 취임식 때는 힘과 신뢰보다는 수많은 국민을 포용해서 함께 가겠다는 카리스마가 더 필요했기 때문이다.

세파를 헤치고 무언가를 정점까지 이룬 사람들이 자신에게 편하고 좋은 것을 포기하고 새로운 카리스마를 만든다는 것은 쉬운 일이 아니다. 어마어마한 흡수력과 의지가 있지 않으면 절대 불가능한 일이다. 평양 감사도 본인이 싫으면 하지 않는다지 않나. 아무리 좋은 것을 권해주어도 스스로 목표를 위해 반드시 카리스마를 내 것으로 만들고야 말겠다는 결심이 없으면, 이미지와 스타일이 쉽게 바뀌지 않는다.

그리고 이렇게 성공을 이룬 사람들일수록 더욱 모범적으로 지켜야 할 것들이 많아진다. 자신의 카리스마라고 해서 때와 장소에 맞지 않는 카리스마를 마구 내보여서는 안 된다는 뜻이다. 예를 들어 대통령이나 기업의 CEO가 현충원에 참배를 갈 때, 기본 관행으로 입어야 하는 옷이 있다. 검은색의 정장이다. 그런데 자기의 카리스마는 갈색의 정장을 입었을 때 가장 극대화되니 갈색 정장을 입고 가겠다고 고집을 부리면, 그것은 카리스마의 문제가 아니라 소양의 문제가 된다. 자신을 바라보는 사람이 많을수록 스스로의 카리스마를 드러내는 것만큼이나 기본적인 소양과 양식을 지키는 것이 중요하다는 사실을 잊지 말기 바란다.

  카리스마 있는 이미지 만들기

# 필요에 따라 카리스마를 장착하라

● 모방은 창조의 어머니이다. 카리스마도 따라야 할 롤 모델이 필요하다 ●

만약 당신이 목표를 가지고 카리스마를 만들어야 한다면, 어떤 방법을 이용하겠는가?

얼핏 생각할 수 있는 것이 메이크업이나 의상의 교체 정도일 것이다. 그런데 이런 시도는 단편적인 방법일 뿐이다. 카리스마는 말 그대로 오감에 육감까지 동원하여 치밀하게 계산해야 만들어지는 것이기 때문이다.

앞서 살펴보았던 대통령의 사례에 이어, 그와 관련된 이야기를 좀 더 하고자 한다. 미국의 경우, 레이건 전 대통령 때부터 이미지 컨설팅이 본격화되었다. 그전에는 갈색의 정장이 통용되지 않던 시절이었는데, 레이건이 갈색 정장을 입고 나오면서부터 비즈니스 웨어로 인정받기 시작했다. 주말에나 입는 옷을 비즈니스 웨어로 격상시킨 레이건의 전략은 바로 '주말처럼 여유롭고 풍요로운 미국'이었다. 당시 미국은 경제적으로 가장 풍요로운 시기를 구가했기에, 여유로운 주말을 즐길 수 있는 풍요로움을 대통령이 직접 보여준 것이었다. '우리 미국은 이렇게 풍요로우니, 풍요로운 이 나라를 더 풍요롭게 하자. 누리자!'라는 메시지였다.

오바마 대통령은 정확히 그 반대편에 서 있는 사람이다. 경기가 최악일 때 대통령 선거가 있었다. 다시 경제를 살려야 했고, 발전을 시작해야 하는 시점에 오바마가 등장했다. 그러면서 오바마는 자신의 이미지 구축에 사선 스트라이프를 사용했다. 정장도 재킷을 걸치지 않은 채 셔츠만 입고, 그것도 단추를 몇 개 풀어헤치고 소매도 걷은 모습을 자주 보였다. 그는 젊음과 패기를 강조한 것이었다. '젊은 내가 미국의 경제를 두 팔 걸고 살려내겠다!'라고. 오바마는 당선 이후에도 자신의 이미지를 적극적으로 활용하여 국민들에게 메시지를 전달했다. 예를 들어 하와이에서 보낸 휴가 때는 근육질의 상체를 드러내고 삼각 팬티를 입은 채 해변을 거니는 사진을 공개하기도 했는데, 그것은 대통령의 건강한 모습을 보여주려는 계산된 행동이었다. 경제 상황이 형편없는 미국을 이렇게 건강하고 젊은 대통령이 책임지겠다는 의지를 나타낸 것이었다. 요즘도 간간이 백악관의 트위터에는 셔츠 소매를 걷어 올리고 참모와 농구 시합을 하는 대통령의 활기찬 모습이 담긴 사진이 올라온다. 이는 대체로 그의 정책이 코너에 몰리는 상황에서 문제점을 돌파해나가는 불도저 같은 카리스마를 노출하려는 의도가 드러난 것이라 할 수 있다. 푸틴도 마찬가지이다. 힘의 카리스마를 보여주기 위해 그는 사냥을 하는 사진이나 근육을 노출한 사진을 종종 공개한다. 전략적으로 계산된 이미지 노출인 셈이다.

카리스마를 만들기 위한 효과적인 방법들 중 하나는 바로 롤 모델을 정하는 것이다. 이는 모든 자기계발서에서 '롤 모델을 찾아라', '멘토를 만들어라' 하고 강조하는 것이기도 하다. 그런데 그 누구도 말하지 않은 중요한 사실이 한 가지 있다. 사람들이 롤 모델을 너무 멀리서 찾는다는 점이다. 힐러리 클린턴? 스티브 잡스? 앤젤리나 졸리? 그들의 일정 부분을 당신의 지향점으로 삼는 것은 좋다. 그러나 그들의 자리와 지금 당신의 자리는 아주 멀리 떨어져 있다. 이 말은 중간에 어떤 단계들을 차례로 거치며 가야 하는지에 대한 방법이 없이, 막연하다는 의미이다.

예를 들어 대기업의 CEO가 목표인 신입사원이 있다면, 그가 롤 모델로 삼아야 할 사람은 누구일까? 회장? 너무 멀다. 그 자리에 갈 때까지 도대체 어느 길을 보고 따라가야 한다는 말인가? 또 그 회장이 보낸 20대는 아주 먼 옛날의 일이다. 과연 26세의 사원이 존경하는 것 말고 60세 멘토의 어떤 점을 어떻게 닮을 수 있겠는가.

가끔 나를 멘토라고 하면서 눈을 반짝이며 바라보는 20대들이 있다. 매우 고마운 일이다. 그렇지만 마음속 깊은 곳에서 한숨이 새어 나오기도 한다. '네가 내 인생을 아니? 내가 네 나이 때부터 지금까지 오는 동안 겪었던 그 힘든 세월을 알 수 있을까? 내가 이 자리에 있기 위해서 어떻게 노력하고 만들어낸 것인지를…….' 그런 노력의 과정을 알지 못한 채, 단지 지금 내가 서 있는 위치만 보고 나를 멘토로 생각한다면, 그것은 그저 동경이나 존경일 뿐이다.

만약 대기업의 회장을 멘토로 삼은 신입이라면, 그 회장의 자서전에 열심히 밑줄을 그으며 그의 리더십을 배우려고 할지도 모른다. 그런데 지금 대기업 회장이 지닌 리더십을 배워서 어디에 써먹을 것인가? 차라리 회장이 대리였던 시절에 가졌

5년 뒤의 멘토,
10년 뒤의 멘토를
각각 설정해두는 것이 좋다.

던 이미지를 닮으려고 하는 것이 훨씬 더 현명한 방법이다. 그러나 한 가지 주목해야 할 점은 그 케케묵은 30년 전 이미지보다는 오늘 자기 눈앞에서 생생하게 볼 수 있는 바로 옆자리 대리의 이미지를 닮고자 노력하는 것이 더 낫다는 사실이다. 다시 말해서 30년 후에 되고자 하는 롤 모델을 잡아놓으면 당장 내일, 그리고 내년에 해야 할 일이 막연해진다는 뜻이다. 그러므로 먼 미래의 롤 모델보다는 5년 뒤의 멘토, 10년 뒤의 멘토를 각각 설정해두는 것이 좋다.

5년 단위의 멘토를 만들어보자. 외국어를 배울 때 그 언어를 정확하게 구사하는 외국인의 발음을 반복해서 들으며 따라 하는 것처럼, 닮고 싶은 누군가를 목표로 정해놓고 닮으려고 해보는 것이다. 또 직장에 들어가서도 가장 존경할 만한 사람을 찾아보자. 어려운 것이 아니다. 5년 후에 자신이 과연 어떤 모습이 되고 싶은지를 생각해보고, 주변에서 가장 그 모습에 근접한 사람을 찾아보자. '내가 지금 서른둘이니까 서른일곱 살까지는 저 사람처럼 살고 싶어', 그리고 실제로 그 나이가 되면 '이제 마흔셋까지는 저 사람을 닮고 싶어'라고 롤 모델을 정하고, 따르고 싶은 멘토를 시기별로 바꾸어야 한다.

　　　　　　　　　　　　　카리스마 있는 이미지 만들기

일반적으로 목표를 세울 때는 장기 목표와 단기 목표를 정한다. 내가 당신에게 추천하고 싶은 방법은 인생의 멘토 역시 그렇게 정해보라는 것이다. 한 사람이 5년 동안 거쳐온 길이라면, 당신도 그에 대해 알아보고 따라갈 만하다. 만약 회사에서 일하는 사람이라면 본받을 만한 대리를 찾아보고, 그가 신입사원에서 대리가 되기까지 거쳤던 반짝반짝한 길을 엿보고 따라가면 된다. 그것은 지금 당장 실천할 수 있는 일이다. 바로 지금, 주변을 둘러보라.

이 책을 읽고 있는 신입사원이 있다면, 비록 지금은 신입사원이지만 대리를 보면서 그 이미지로 회사생활을 시작해보라고 말해주고 싶다. 신입사원에게 책임감 같은 것은 주어지지 않는다. 그러나 대리가 되면 책임감도 있어야 하고, 어느 정도의 리더십도 있어야 한다. 그렇다고 대리에게 부장이나 사장의 리더십을 바라는 사람은 없다. 그런 행동은 할 수도 없고, 해서도 안 된다. 신입사원은 대리에게 기대되는 정도의 책임감을 가지고 열심히 일하며, 프로페셔널한 모습을 지니려고 노력하는 것이 필요하다. 그런 직원이 윗사람의 눈에 띄지 않을 수는 없는 법이다.

우리나라에서 이미지 컨설팅이라 하면, 대부분은 한 번에 저 위로 달려가려고 해서 문제이다. 그러니 어렵게 느껴지는 것이 당연하다. 누군가를 닮고 싶다고 해서 단번에 그것을 따라가려는 것은 욕심이다. 한 단계씩, 한 가지씩만 차례차례 닮아가려고 노력하면 어느새 그 모습에 닮아 있을 것이다. 자신이 할 수 있는 선에서 하나씩 시도해보자.

카리스마는 자신이 따라갈 수 있을 만큼 앞에 있는 사람의 이미지로부터 차곡차곡 가져와야 하는 것이다.

# 절제의 미학, 싸늘함의 승리

## ● 싹수가 없다는 말을 기꺼이 받아들여라 ●

이미지를 만들 때는 일단 자기가 가지고 있는 것에서부터 출발하는 것이 기본이다. 내가 아닌 완전히 다른 사람이 될 수는 없다. 이는 인생 전체를 리셋하기 전에는 불가능한 일이다.

잘 웃는 사람이 자신의 그런 특성 자체를 부정하며 새로운 카리스마를 만들어내려고 하면, 그에 의한 효과를 기대하기 어렵고 스스로도 행복하지 않다. 또 잘 웃는다고 해서 무조건 카리스마에 방해가 되는 것은 아니다. 사람에 따라서, 하는 일에 따라서 웃음이 카리스마의 조건이 될 수도 있다. 중요한 것은 자신이 어떤 일을 하느냐, 어떤 사람을 만나서 일하느냐, 앞으로 어떤 꿈을 꾸느냐이다. 여기에서부터 이미지 메이킹은 시작된다.

핵심은 자신의 단점을 스스로는 알고 있되 굳이 드러내지는 말라는 것이다. 우리나라 사람들이 타인에 대한 관심이 굉장히 많은 것 같지만, 막상 직장인들을 상대해보면 별 관심이 없다는 것을 느낀다. 그저 남의 이야기를 하는 것뿐이지 그 사람에게 관심이 있는 것은 아니다. 남의 이야기라는 것도 자신이 본대로 말하는 것이 아니고, 다른 사람들에게서 들은 바대로 퍼뜨리는 것이라고 할 수 있다. 인터넷에 떠도는 가십이 화제가 되는 것은 그 사람에게 특별한 관심이 있어서가 아니다. 관심은 이와 완전히 다른 문제이다. 이를테면 누군가의 헤어스타일이 바뀌었다는 것에 대해 사람들은 별 관심이 없다.

그래서 나는 절대로 자신의 약점을 이야기하지 말라고 강조한다. "저는 못생겼어요"라고 이야기하는 사람이 있으면 나는 그에게 말한다. "스스로 못생겼다고 생각한다는 걸 절대 다른 사람들에게 말하지 마세요. 아무도 모르고 있으니까."

콤플렉스를 먼저 드러내지 마라. 예를 들어 "나는 광대뼈가 나왔어", "나는 치열이 고르지 못해", "엉덩이가 커서 고민이야" 같은 이야기들을 하지 말라는 것이다. 그 사실을 모르고 있던 다른 사람들은 그 말을 듣는 순간, 그런 부분에만 주목하게 된다. 그다음부터는 유독 그것만 눈에 보일 것이 뻔하다. 당신

　　　　　　　　　　카리스마 있는 이미지 만들기

은 빤히 보이는 단점이니까 상대방도 이미 알고 있으리라 판단하고 그에게 말하겠지만, 실은 그렇지 않다. 예상과 달리 남들은 당신의 못난 부분에 대해 큰 관심이 없다. 사소한 특징들을 파악하려면, 최소한 예닐곱 번은 보아야 알 수가 있다. 그러므로 처음 본 순간부터 "저는 광대뼈가 나왔어요"와 같은 말은 하지 마라. 스스로에 대해 먼저 평가를 내리고 말하면, 그 사실을 상대방에게 그대로 각인시켜줄 뿐이다. 그러니 제발 자기의 단점을 자기 입으로 먼저 말하지 말고, 가만히 있어라.

가만히 있어야 한다는 말의 다른 의미는 너무 자주 웃지 말라는 것이다. 전에 만났던 고객들 중 대기업 직원에 아주 능력이 뛰어난 사람이 있었다. 실력이 있고 똘똘해서 계열사부터 시작해 본사까지 올라온 입지전적인 인물이었다. 그런데 한눈에도 그의 문제가 보였다. 그가 먼저 물었다. "저의 문제가 무엇인가요?" 나는 "사람들이 너무 쉽게 볼 것 같아요" 하고 대답했다. 그러자 그가 깜짝 놀랐다. "어떻게 아셨어요?" 나는 그에게 한마디로 조언했다. "웃지 마세요, 제발. 입이 항상 스마일 모양이에요. 웃지 말고, 리액션도 좀 줄이세요. 행동도 너무 빠르니 지금보다 더 천천히 하시구요." 그에게 필요한 것은 결국 절제였다. 이렇듯 가장 쉽게 카리스마를 만들 수 있는 방법들 중 하나는 '절제'이다.

만에 하나 32세까지 카리스마가 완성되지 않았을 경우, 그대로 포기하고 말 수는 없지 않은가. 더 젊었을 때보다는 어렵고 시간도 걸리겠지만, 그 이후에도 충분히 보완을 할 수 있다. 가장 쉽게 실행할 수 있는 일차적인 방법은 헤어스타일, 의상, 안경 같은 액세서리를 사용하는 것이다. 자기의 모습을 완벽하게 다 바꿀 수 있는 사람은 거의 없기 때문에, 원하는 것들 중 하나를 어떻게 바꿀 수 있을지 고민하고, 그것을 찾아내어 바꾸라고 권하고 싶다. 그런 다음 자신에게 부족한 카리스마를 제스처나 자세, 태도, 성격적인 면에서 점차 변화시켜나가도 늦지 않다.

나는 신입사원을 대상으로 강의할 때면 그들에게 카리스마를 가지는 연습을 하라고 조언하는데, 그때 가장 기억해야 할 점은 바로 절제하는 것이라고 말한다. 먼저 눈동자가 계속 흔들려서는 안 되고, 상대방의 눈을 똑바로 보지 않고 시선을 자꾸 왔다 갔다 하는 것부터 바로잡아야 한다고 알려준다. 시선을 흔들리지 않고 정확하게 바라보는 연습부터 하라.

한편 손동작이 많은 사람은 리액션을 줄이는 방법을 연습해

   카리스마 있는 이미지 만들기

가장 쉽게 카리스마를 만들 수 있는
방법들 중 하나는
'절제'이다.

야 한다. 또 지나치게 자주 웃는 사람이라면, 적당히 웃음을 자제하는 습관을 들여 전과는 다른 모습을 보여주어야 한다. 성격이 밝고 유쾌한 것과 아무 때나 잘 웃는 것은 다르다. 청문회에서 상황에 맞지 않게 웃음이 터져 질타를 받았던 어떤 장관의 경우, 그것은 그 사람이 가지고 있는 습관이었을 것이다. 어색하면 피식 하고 웃는 사람들이 있듯이, 그 역시 긴장된 자리에서 자기도 모르게 웃음이 나왔을 것이다.

무엇이든지 넘치면 카리스마에서 멀어진다. 행동의 절제, 스피치의 절제, 라인의 절제가 반드시 필요하다. 어떤 면에서 좀 지나치다 싶은 모습을 보일 때, 대부분의 사람은 그를 만만하게 본다. 컬러의 사용이든 아이 콘택트이든 자세이든, 과하면 부족함만 못한 것은 웃음을 흘리는 경우와 마찬가지이다.

스스로 평가했을 때 잘 웃지 않아 남에게 싸늘해 보이는 것이 걱정이라는 여자들에게 나는 오히려 더 싸늘해지라고 이야기한다. 특히 20대의 여자들에게는 필수적으로 도도함을 요구한다. 이런 싸늘함이나 도도함은 싹수가 없다거나 안하무인이라는 것과는 다르다.

20대 여자에게 차가운 이미지는 단점이 아니다. 그 이유는 두 가지이다. 첫 번째로 20대의 여자들에게 차가운 이미지는 카리스마가 될 수 있는 요소이므로 지키는 것이 좋다. 두 번째로 그 사람 개인에게는 단점으로 느껴질지 모르지만, 그 나이에서는 장점으로 바뀔 수 있는 충분한 여력이 있기 때문이다. 20대의 여자들은 더 차가워져야 자기 일을 할 때 편해진다. 스물여섯 살짜리 아가씨에게서 차가움이 배제되어 친근해지면? 무시를 당하기 딱 좋다. 이런 태도를 보이면, 대부분의 경우 자신이 하고 싶은 일을 제대로 할 수 없게 된다. 그러므로 이 나이대의 여자들은 차가운 이미지를 가졌다는 것에 스트레스를 받을 필요가 없다.

20대의 여자들은 대체적으로 아직 카리스마를 가지기가 힘들다. 기본적으로 웃음이 많고, 귀여운 분위기를 풍긴다. 문제는 그런 모습이 자칫하다가는 만만해 보일 수 있다는 점이다. 따라서 이 시기의 친근하고 풍부한 웃음은 오히려 일을 할 때 독이 되고, 비즈니스적으로 더 힘든 상황을 가져올 수 있다. 이런 고민이 있는 여자들은 일단 웃음을 줄이는 연습을 해보라. 적어도 웃음을 보여야 할 때와 그렇지 않아야 할 때의 상황별 인식 정도는 하고 있어야 한다. 가장 사랑스럽게 보여야 할 시기이기는 하지만, 그것은 사적인 자리에서만으로 충분하다.

20대 여자는 경력이 많은 것도 아니고, 연륜이 있는 것도 아니고, 일에서도 아직 프로라고 할 수 있는 단계도 아니다. 이런 여자들이 헤헤거리기만 하면, 겉으로는 예쁨을 받을지 몰라도 비즈니스 면에서는 무시를 당할 가능성이 크다. 그러므로 그때부터 카리스마를 만들어내려면, 차갑고 도도한 이미지를 유지해야 한다.

또한 외모적으로도 지나치게 공주풍으로 꾸미는 것은 좋지 않다. 주말에는 상관없지만, 업무와 관련해서는 일명 공주룩, 공주 아이템이라 할 만한 것들은 멀리하라. 레이스로 치장된 옷을 입고 출근한다든가, 많은 리본이 달린 옷을 입고 다른 회사 관계자와 미팅을 하는 것은 금물이다. 또 온통 분홍색으로 둘러싼 분홍 공주 느낌을 준다든가, 머리카락을 돌돌 마는 행동도 하지 마라. 그런 모습은 숨겨두었다가 남자 친구에게만 보여주어야 하는 것이다.

덧붙여 조언하고 싶은 것은 말투에도 신경을 써야 한다는 점이다. 물론 다 그런 것은 아니지만, 요즘 20대 여자들의 상당수가 말하는 것을 들어보면 말투가 꼭 애기 같다. 원래 그렇게 목소리가 가늘면 바로 극복하기 힘들겠지만, 다른 사람 앞에서는 되도록 어린 느낌을 주는 말투는 자제하라고 말해주고 싶

    카리스마 있는 이미지 만들기

다. 우선 말투부터 고치려고 노력한다면 충분히 프로페셔널한 이미지를 줄 수 있다. 그래서 오히려 '다나까' 말투가 상대방에게 더 좋은 이미지로 보여질 가능성이 크다. 또 "그런데요~", "그래서요~"라고 늘어뜨리는 말투는 얼굴을 동안으로 보이게 하는 것이 아니라 정신적인 나이가 어리다는 느낌을 주므로, 단문으로 짧게 의사표현을 하는 것도 중요하다.

그리고 습관 역시 매우 중요하다. 고개를 갸우뚱거리거나 몸을 배배 꼬는 습관이 있다면, 당장에 고치는 것이 좋다. 한 가지 예를 들자면, 모 여자 연예인이 어느 TV 프로그램을 진행하면서 무수한 질타를 받았던 이유도 자꾸 고개를 갸우뚱거려서였다. 그저 얼굴만 보려고 드는 사람들에게는 예쁘다고 생각될지 모르겠지만, 외적인 모습만이 아닌 다른 면을 원하는 사람들에게는 전문적인 느낌을 줄 수 없다. 자신이 해야 할 일을 제대로 해내지 못하고, 프로페셔널하지 않은 그녀에게 다들 실망하고 좋지 않은 반응을 보였다. 그래도 그녀는 직업의 특성상 예쁜 것만으로 어필이 가능한 부분들이 있어, 어느 정도 인정을 받고 인기를 얻을 수는 있다. 그러나 보통의 회사에서 그런 자세가 통할 가능성은 만무하다. 간혹 사랑스러움이나 귀여움이 비즈니스에 통한다고 착각하는 여자들이 있는데, 이것은 말

그대로 그녀들만의 착각이다. 실제로 그런 여자가 직장에서 어떤 취급을 받는지는 다음의 사례를 보면 알 수 있을 것이다.

모 금융회사의 회장을 컨설팅할 때였는데, 그가 나에게 이렇게 물었다. "강 소장, 가장 나쁜 상사가 어떤 놈인지 알아? 여자 직원을 무조건 칭찬하는 사람이야. 그게 나쁜 놈이야." 이렇게 말한 그 회장은 여성 임원을 키우는 데 앞장서는 사람이었다. 그의 재임 시 그룹 내에 여성 임원이 늘어났고, 여성 지점장도 많아졌다. 그런 사람의 말이라서 더 관심이 갔다. 제대로 못해도 그저 "잘했다, 잘했다" 하는 상사나 어려운 일은 맡기지 않고 편하게 해주는 상사 밑에서 그 여직원은 성장할 수 없다는 것이었다. 그것은 그 상사가 이미 여자 부하 직원을 키워줄 마음이 없다는 뜻이니까. 혹 어린 여직원들 중에는 그것이 사랑을 받는 것이라고 생각할 수도 있다. 그런 윗사람을 배려심 있고 매너 있는 상사라고 말하며 좋은 평을 내릴지도 모른다. 그러나 이는 하나만 알고 둘은 모르는 것이라 하겠다.

사랑받으려고 하지 말고, 인정받으려고 하라. 프로의 세계에서 요구되는 이미지는 정제되어 있고, 단호해 보이는 이미지이다. 그러므로 차가운 이미지로 보인다는 것을 겁낼 필요가 없다. 잘하고 있는 것이다.

한편 20대 남자의 경우는 이와 많이 다르다. 20대의 남자들은 정장을 입으면, 어느 정도 그 나이의 일하는 사람으로 보인다. 군대 등의 이유로 여자들보다 몇 년 늦게 사회생활을 시작하기 때문이기도 하다. 그래서 20대의 남자들은 그 시기의 여자들처럼 차가워 보이려고 하기보다는 친근하면서 성실한 이미지를 만들어야 한다.

아무래도 신체 구조상 여자들보다는 남자들이 타고난 카리스마를 가진 경우가 더 많다. 눈빛이 매섭거나 떡 벌어진 어깨, 큰 키나 풍성한 덩치에서 주는 카리스마가 있기 때문이다. 그래서 오히려 이런 카리스마를 적절하게 가리거나 보완하지 못하면, 자신의 위치에 맞지 않는 카리스마 때문에 힘든 경우가 생기기도 한다. 예를 들어 입사 3년 차 대리인데 풍기는 카리스마는 기업의 CEO 급이면, 동료들과 불편해지고 상사와도 어색해진다. 당연히 일에도 차질이 생긴다. 그래서 나는 20대의 남자들에게는 부드러우면서도 똑똑한, 또 친근함과 성실로 무장한 이미지를 만들라고 권한다.

이 시기의 남자들은 컬러 활용 면에서 검은색보다는 남색이나 갈색을 사용하는 것이 좋고, 눈빛이 매섭거나 눈이 크다면 안경은 부드러운 이미지를 보여줄 수 있는 모양으로 바꾸는 것이 필요하다. 또 살짝 웃는 얼굴을 연습하고, 눈에서 힘을 넣고 빼는 것도 자유자재로 조절할 수 있어야 한다. 이런 변화는 생각보다 아주 간단하다. 아침, 점심, 저녁으로 양치질을 할 때마다 거울 속의 자신과 눈싸움을 하며, 눈빛의 강도를 조절하는 연습이면 충분하다.

20대의 남녀 모두가 명심해야 할 것은 친근함과 성실을 강조하기 위해 너무 허허실실로 웃기만 해서는 안 된다는 것이다. 친근함과 성실 역시 싸늘한 카리스마 위에 더해져야 하는 요소임을 잊지 말자.

 카리스마 있는 이미지 만들기

# CEO가 되는 사람은
# 절대적인 카리스마가 있다



자신의 정체성을 명확하게 드러내어 누가 보아도 "앗, 저 사람은 ○○○이야"라는 말을 들을 수 있는 효과적인 방법이 있다. 바로 제복이다. 제복은 직선형의 옷이다. 그리고 몸에 꼭 맞게 입는다. 그래서 그 자체로도 뚝뚝 떨어지는 카리스마가 만들어진다. 군인들의 경우는 더욱 그렇다. 군복 전체에 직선 주름이 잡혀 있고, 눈빛도 가장 형형한 시기이다. 또 둥근 곡선의 챙 없는 베레모가 눈빛의 카리스마를 더욱 부각시켜준다. 훈련으로 각이 잡힌 군인들을 보면, 가끔 나이에 상관없이 압도당할 때가 있다. 어리지만 그 본연의 카리스마에 눌리는 것이다.

우리 주변에도 스스로 이런 유니폼을 만들어 자신의 카리스마 이미지를 구축하는 사람들이 있다. 베토벤 머리에 나비넥타이, 『나는 아내와의 결혼을 후회한다』의 저자인 김정운 교수를 떠올리면 이런 이미지가 바로 생각난다. TV 만화 시리즈인 '우주소년 아톰'에 나오는 박사님 같은 뽀글거리는 머리에 나비넥타이를 한 그가 TV를 통해 자주 모습을 비추다보니, 우리에게도 벌써 익숙해졌다. 그는 자신만의 특별한 스타일로 이미지를 형성한 사람이다. 그러나 그가 지금처럼 널리 알려지기 전, 처음 미디어에 소개될 당시만 해도 그는 사뭇 다른 모습이었다. 당시에는 비교적 짧고 단정한 헤어스타일에 보통 중년 남성의 옷차림이었다. 그런 그는 본연의 카리스마를 바탕으로 이후에 자신만의 이미지를 구축했다. 이는 아무나 성공할 수 있는 이미지 변신이 아니다.

검정 터틀넥에 청바지, 뉴발란스 운동화만을 고수하던 스티브 잡스도 자신만의 이미지를 구축한 사람들 중 한 명이다. 가장 편하기 때문에 늘 똑같은 옷을 입는다고 했지만, 실상 그 또한 스스로 이미지를 만들어낸 사람이다. 조금 전까지도 연구실에서 작업을 하다가 바로 뛰어나온 것 같은 차림, 그런 역동성이 애플의 이미지를 만들어냈다. 스티브 잡스는 눈빛에 압도적인 카리스마가 있었다. 그렇기 때문에 캐주얼을 입어도 카리

    카리스마 있는 이미지 만들기

스마가 느껴진 것이다. 게다가 검은색도 중요한 역할을 했다.
만약 터틀넥이 검은색이 아니었다면, 그 효과는 미미했을 것
이다. 컬러 중에 가장 강한 것이 바로 검정이다. 검정에 내재된
색의 이미지 자체가 카리스마적이다. 그는 검정 컬러를 택했
기 때문에 터틀넥의 캐주얼한 이미지와 카리스마적 요소를 함
께 가져갈 수 있었다. 또한 리바이스 501 청바지는 캐주얼하고
편안한 카리스마를 보완하는 아이템이었고, 뉴발란스의 회색
운동화 역시 회색이 주는 완벽성을 그의 이미지에 더해주었다.
결과적으로 스티브 잡스가 구축한 이미지는 곧 애플의 이미지
가 되었다. 편안하고 편리하면서도, 완벽하고 마니아적인 리
더십이 있는 기업 카리스마가 그의 옷차림에서부터 드러난 것
이다.

이런 예들을 통해 내가 당신에게 말하고 싶은 바는 보여지는
면에 신경쓰라는 것이 절대 아니다. 본래 가진 카리스마를 찾
고, 그것을 키워나가면서 자신만의 스타일을 만들어야 그 카리
스마를 통해 목표를 달성할 수 있다는 뜻이다.


인테리어 디자인을 전공하기 위해 유학을 간 나의 결심을 단
번에 패션 이미지 컨설팅으로 바꿔놓는 데 지대한 공헌을 한

사람을 이야기하고자 한다. 그 주인공은 바로 파슨스에서 처음 나와 면담했던 마사 커닝엄이라는 여자 교수님이다. 매주 한 번씩 반년 동안 그 교수님의 수업을 들었는데, 그녀는 매번 똑같은 옷을 입고 수업에 들어왔다. 대각선으로 라인이 들어간 흰색 더블 재킷에 검정 치마, 처음에 나는 그것이 요일별로 정해진 옷인 줄 알았다. 내가 강의를 듣는 날은 수요일이었기 때문에 그녀가 매주 수요일에 그 옷을 입는다고 생각했다. 그런데 알고 보니 그것은 그녀의 유니폼과 같은 옷이었다.

한번은 내가 물어본 적이 있다. "왜 항상 같은 옷을 입으세요?"라고. 그녀는 "이게 나에게 가장 잘 어울리니까"라고 대답했다. 자기에게 '더 베스트'라는 것이었다. 그녀는 수업을 할 때마다 자신에게 가장 잘 어울리는 베스트 정장이라고 생각한 옷을 입으면서, 학생들과의 관계에서 자신의 캐릭터를 잡고자 의도했다.

이렇게 상대방에게 지속적으로 보여주면, 어느 순간 보는 사람들이 적응을 한다. 우리나라에서는 주로 기업의 유니폼이 그런 역할을 한다. 똑같은 스타일을 고수한다는 의미는 그것으로 사람들을 적응시키려는 것이 아닐까? 나는 유니폼의 효용이 공동체를 단결하게 만든다는 점도 있지만, 유니폼 자체에서 카

   카리스마 있는 이미지 만들기

리스마가 표현된다고 생각한다.

또 예전에 어느 회사의 임원들을 대상으로 한 컨설팅에서 만난 여자 상무는 헤어스타일이 독보적이었다. 머리카락 한 올 나오지 않게 올백으로 쫙 당겨서 뒤로 묶은 그녀의 머리를 보고, 처음에 나는 스튜어디스처럼 그물망을 씌운 줄 알았다. 그런데 아니었다. 머리카락을 두피가 당길 정도로 단단하게 묶은 것이었다. 개인적으로 컨설팅을 시작하자 옆에 있는 사람이 계속 말했다. "이분 머리 좀 바꿔줘요." 주위에서 말들이 많은지 그녀는 나에게 "제 헤어스타일을 바꿔야 할까요?"라고 물었다. 내가 "제가 풀라고 하면 푸시겠어요? 안 하실 텐데요" 하고 답하자, 역시나 그녀의 대답은 "어떻게 아셨어요?"였다. 그런 헤어스타일을 한 사람은 그것을 쉽게 바꾸지 않는다. 고집이 있으니 지금껏 고수해온 것이다. 또 그것이 그 사람의 캐릭터이며, 자신의 기본적인 카리스마를 드러내고 있는 것이다.

그래서 나는 "굳이 바꾸라고 하고 싶지는 않아요. 그냥 계속 묶되, 좀 느슨하게 묶으면 좋겠어요. 그렇게 당겨서 묶는 건 두피에 좋지 않으니까 너무 당기지 마시고, 지금보다는 조금 더 느슨하게 묶으면 좋겠네요"라고 조언했다. 어느 정도 나이가 있는 여성들 중에 10년, 20년 동안 똑같은 헤어스타일을 하는 사람은 많다. 항상 아주 짧은 머리를 유지하는 기업인 김성주 씨가 대표적인 예라 하겠다.

앞서 입사하기를 바라는 기업에 면접을 보고자 할 때, 기업마다 원하는 이미지가 다르다고 말했다. 그렇다면 회사에 입사해서는 자기 마음대로 바꾸어도 되는 것일까? 당연히 그렇지 않다. 당신이 회사를 한두 해만 다니다 나와서 창업을 하겠다거나, 다른 곳으로 옮기려는 마음을 가지지 않은 이상, 회사 내에서 성장하는 동안 가져야 하는 이미지가 분명히 존재한다. 회사별로 원하는 카리스마가 있고, 그것이 회사의 분위기가 되기 때문이다.

만약 당신이 지금 다니고 있는 회사에서 임원을 꿈꾼다면, 자신의 카리스마를 회사가 원하는 카리스마와 맞출 필요가 있다. 회사에서 원하는 리더는 자사의 분위기와 잘 어울리는 사람이지, 반대되는 사람이 아니기 때문이다. 누가 그렇게 하라고 정한 것도 아닌데, 기업들의 분위기는 전부 다르고 특색이 있다.

SK텔레콤은 감성적이고 부드러우며, 온화한 카리스마가 기본인 회사이다. 여기에 삼성전자 출신의 인력들이 더해지면서 정확하고 세밀한 성과지향적 카리스마가 합쳐져, 복합적인 카리스마가 만들어졌다. 따라서 SK텔레콤에서 어느 정도의 자리까지 올라가고 싶다면, 기본적으로 온화한 카리스마에 업무 추진을 확실하게 한다는 책임감 있는 모습을 보완해주는 것이 필요하다. 만약 당신이 성과지향적인 일을 잘하는 카리스마를 가진 사람이라면 온화함을 더해야 할 것이고, 그 반대라면 프로페셔널한 부분을 보완해줄 방책을 찾아야 한다.

삼성의 경우는 철저하게 성과지향적인 곳이다. 그래서인지 임원들은 기업에 대한 충성도가 높으나, 차장이나 과장의 경우는 회사보다는 일을 선택하는 비중이 높은 편이다. 다시 말해서 타 기업에서 하는 업무가 더 재미있을 듯하면, 삼성이라는 브랜드 네임과는 상관없이 회사를 옮길 수 있는 사람이 많다는 의미이다. 충성도가 회사보다는 일 자체에 있다는 것은 성과에 대한 관심과 집착이 높은 사람들이 모이는 곳이라는 뜻도 된다. 따라서 만약 당신이 삼성에서 임원의 자리에 오르고 싶다는 목표가 있다면, 일을 잘하는 것이 가장 중요하다. 즉 성과지향적인 카리스마를 보이고, 애사심을 보완하면 된다.

LG그룹의 경우는 무척 점잖다. 온유하고 부드럽고 신사답다. 합리적이면서도, 그렇다고 해서 지나치게 계산적인 이미지는 아니다. 그런 까닭에 과하게 성과지향적인 면모를 보이는 사람에게는 불편함을 느낄 수 있다. LG그룹에서는 친화적이고 온유한 카리스마가 더 승산이 있다.

금호아시아나 같은 경우, 세밀한 추진력은 좀 부족하지만 정만큼은 최고이다. "형님, 아우" 하면서 서로 챙기고 배려하는 카리스마가 회사 전반에 퍼져 있다. 만약 앞만 보고 돌진하는 공격형 카리스마나 독불장군처럼 일을 추진하는 카리스마를 가진 사람이라면, 이 회사에서는 인정받기 어렵다. 그런 사람은 온화하고 부드러운 카리스마를 보완할 방법을 찾아야 한다.

지금 당신이 몸담고 있는 회사의 임원들을 찬찬히 살펴보라. 분명 무언가 공통점이 있을 것이다. 각자가 가진 본래의 카리스마는 다르겠지만, 보완이 필요한 카리스마를 더했을 경우에 만들어지는 이미지가 있다. 그 이미지가 바로 회사가 원하는 임원의 이미지에 가깝다.

자, 그렇다면 지금 당신이 보완해야 할 카리스마는 무엇일까? 이미 당신은 목표를 세웠고, 롤 모델도 찾았다. 이제 그다음 단계로, 부족한 카리스마를 보완하고 발전시키면 되는 것이다. 자신이 원하는 나만의 카리스마 있는 모습을 상상하며.

　　　　　카리스마 있는 이미지 만들기

## 초고속 승진을 가능케 하는 직장인 코디법

이런 이야기를 들은 적이 있다. 고급 백화점의 명품 매장에 러닝셔츠에 반바지, 슬리퍼를 끌고 어떤 중년 아저씨가 들어왔다. 정장 한 벌에 수백만 원을 가뿐히 넘는 매장이었던지라 옷차림만 봐서는 영 어울리지 않는 사람이었다. 그래도 매장에 들어온 손님이어서 쫓아내지는 못하고 이리저리 눈치만 보고 있는데, 갑자기 그 아저씨가 직원을 손짓으로 불러 이렇게 말했다.

"정장은 여기서부터 저 끝까지 한 벌씩 다 주고, 이 매장 안에 있는 가방도 종류별로 하나씩. 선물할거니까 잘 싸주고."

알고 보니 그는 세계적인 유통회사의 CEO였고, 평소에도 전혀 남을 의식하지 않는 옷차림으로 유명한 사람이었다고 한다.

옷차림으로 사람을 판단하는 것은 분명 옳지 않다. 그러나 옷차림이 한 사람의 어떤 부분을 드러내주는 좋은 도구인 것은 분명하다. 특히 회사 내에서는 더욱 그렇다. 마구 뛰어다니며 업무를 해야 하는 번잡한 직종에서 프릴이 달린 치마에 하이힐은 아무리 본인 취향이라지만 지양해야 하는 아이템이다. 덥다고 반바지에 슬리퍼 차림이 안 되는 것과 마찬가지이다.

신입사원은 특히 단정하고 깔끔하게 보여야 한다. 기본적인 정장이 무난하지만, 세미 정장도 괜찮다. 컬러는 검정을 중심으로 회색, 남색, 연한 카키색과 베이지 등을 활용하는 것이 효과적이다.

단, 여성들의 경우 치마의 앞트임이 깊거나, 롱스커트 혹은 지나치게 짧은 치마는 피해야 한다. 바지 정장이라면 통이 넓어서 너풀거리거나, 반대로 폭이 좁아 레깅스처럼 보이는 것은 피해야 한다. 상의 역시 비치거나 파인 옷, 민소매, 혹은 화려하게 러플이 달린 옷 등은 피하는 것이 좋다.

남자는 기본 정장을 고르되, 덩치가 큰 사람은 검정보다는 회색이나 베이지 계열을 선택하는 것이 좋다. 또한 넥타이를 다양하게 활용해서 필요한 이미지를 보완하는 것이 필요하다.

　직장에서 진가를 보여줄 수 있는 가장 좋은 방법은 롤 모델 선배를 따라 하는 것이다. 그의 스타일을 따라 하다보면, 어느새 회사에서 원하는 이미지로 일하고 있는 자신을 발견하게 될 것이다. 물론 무조건 따라 하는 것이 아니라 롤 모델의 이미지 전략을 정확하게 파악하라는 뜻이다.

카리스마는 이미 만들어져 있다.

원석 같은 자신의 카리스마를 어떻게 발견하고 다듬느냐가 핵심이다.

다른 그 무엇보다도 먼저 카리스마를 입자.

# 32세
## 리더의 카리스마가 완성되는 당신

사회에 나와서 만나는 회사 선배들은 학교에서 만난 선배와는 좀 다른 느낌이 든다. 그래서 나 역시 그렇고 그런 후배처럼 굴 수 없었다. 모든 관계 속에서 업무가 연관되어 있으며, 내가 잘하면 나만 칭찬을 받는 것이 아니라 팀 전체가, 또 때로는 그 성과를 상사가 가져가기도 했다. 부당하다고 생각해도 먼 미래를 보고 분노를 참아내야 했고, 칭찬을 받아 팔짝거리며 신나 하고 싶은 순간에도 시무룩한 동기의 얼굴을 보며 꾹 누를 수 있어야 했다.

그렇게 얽히고설킨 복잡하고 미묘한 인간관계의 흐름을 깨달아가는 순간, 나에게도 후배가 생겼다. 몇 년 전의 나처럼 겁에 질린 듯 긴장해 있고, 철없고 어린 모습이 엿보이는 후배에게 어떻게 다가가야 할지 고민이 되었다.

돌이켜보면 정말 다양한 선배가 있었다. 차마 말도 걸지 못할 정도로 싸늘하고 무서워서 대사를 연습해보고 난 후에야 말을 건넸던 선배, 만난 지 두 시간 만에 동네 형처럼 구는 바람에 너무 편하게 대했다가 오히려 다른 사람에게 건방져 보인다고 혼났던 선배, 사적인 이야기는 절대 하지 않고 오직 일과 관련된 말만 하는 선배 등등 그동안 참 많은 유형의 선배가 있었다. 나는 어떤 모습의 선배가 되어야 할지를 고민해보았다. 원래 성격대로면 할 말도 제대로 하지 못하고, 오히려 일을 시키면서 미안해할 것이 뻔했다. 태어나서 가장 많이 들은 말이 "사람이 참 좋아"인 나였다. 그런데 어쩐지 회사에서는, 더군다나 후배에게까지 그런 말을 들으면 안 될 것 같았다.

나를 잘 아는 선배는 몇 가지 충고를 해주었다. 어차피 너도 승진에 꿈이 있고, 여기에서 리더가 되고 싶다면 좀 냉정해질 필요가 있다고. 많이 웃지 말고, 말도 좀 짧게 하면 어떻겠냐고 말이다. 평소 웃음이 떠나질 않아 별명이 하회탈인 나에게 그것은 정말 힘든 일이었다. 하지만 필요하다는 생각이 들었기에 얼굴에서 웃음기를 지우고 짧은 단문으로 카리스마를 더해나갔다. 그런데 생각하지도 못한 일이 벌어졌다. 입사 이래 처음으로 믿음직스러워 보인다는 이야기를 들은 것이다!

사실 나는 사람들이 어색해 보인다고 하지는 않을까 걱정했었다. 혹은 동료들이 멀어질까봐 고민도 했었다. 그런데 오히려 믿고 맡겨보겠다는 격려를 받았다. 아차 싶었다. 회사는 친목을 도모하는 곳이 아니라 일을 하는 곳이었다는 것을 너무 늦게 깨달은 것이다. 생글생글 웃으며 사람 좋아 보이는 행동은 친목회에서나 통하는 것이었다.

그렇게 후배를 계기로 나는 나만의 카리스마를 찾아내고 보완할 수 있었다.

당신은 32세.
인생의 고진감래를 한 번씩은 경험해본 나이.
당신은 선배와 후배 사이에서 자신의 자리를 만들어 스스로의 카리스마를 완성해간다.

# 미련도 욕심도 습관까지도
모두 버려라



여자들이 항상 하는 말이 있다.

"입을 옷이 없어!"

그러고 나서 옷장을 연다. 그러면 분명 방금 전까지는 입을 옷이 없다고 생각했는데, 옷장에는 빈틈없이 옷들이 들어차 있다. 대체 저 안을 가득 채우고 있는 저것들은 뭔가 싶다. 그래서 과감히 정리하려고 꺼내보면 어딘가 좀 아쉽다.

이 옷은 이럴 때 요긴할 것 같고, 이것은 디테일이 마음에 들고, 저것은 왠지 버렸다가는 꿈에 나타날 것 같고……. 이유도 다양하고 핑계도 가지각색이다. 단호하고 칼 같은 성격의 소유자도 자신의 옷장 앞에서는 늘 심각하게 망설인다. 그리고 지극히 우유부단해진다.

의외로 남자들 역시 집착하는 것이 있다. 바로 넥타이와 액세서리이다.

정장 차림에서 큰 변화를 주기 어려운 남자들은 은근히 넥타이와 액세서리에 대한 관심이 높고, 애착도 크다. 그래서일까? 내가 강의를 나가면, 넥타이에 대한 팁을 원하는 남자들이 많다. 액세서리에 대해서도 질문이 쏟아진다. 특히 넥타이는 남자의 카리스마를 완성하는 데 아주 효과적이어서, 그 남자의 '포인트'라는 것이 넥타이 하나로 완성되기도 한다.

한편 요즘은 넥타이를 매지 않는 회사들도 많은데, 그런 경우에는 무엇보다도 셔츠의 컬러가 중요해진다. 경제성을 추구하는 '쿨비즈' 바람이 불자, 공기업을 시작으로 여름이면 노타이 차림을 하는 회사들이 심심치 않게 보인다. 그 덕에 국무회의에서부터 기업 사무실까지 온통 허여멀건 셔츠를 입은 아저씨들이 우글거리는 게, 흡사 복덕방처럼 느껴질 때가 있다. 넥타이는 매지 않고 진한 색의 정장에 흰색 셔츠를 입은 모습을 한번 떠올려보라. 아마 어제저녁 뉴스에서 보았던 국무회의 장면도 별반 다르지 않았을 것이다. 옷차림이 이러하니 표정마저 희미해 보인다. 포인트가 없기 때문이다. 그런 자리에서는 넥타이만 매어도, 또 셔츠만 좀 다른 컬러로 입어도 한결 색다르게 보인다. 그에게서 생기가 돌고, 에너지가 느껴진다.

조인성이나 소지섭 같은 연예인은 포인트가 필요 없다. 그들은 얼굴이 포인트이다. 그러나 대부분의 사람들은 포인트를 가지고 있지 않기 때문에, 무언가 부각시킬 만한 요소를 만들어내는 것이 중요하다. 그것이 헤어스타일이든 안경이든 넥타이든, 혹은 의상을 특이하게 입는 것이든 간에 어떤 특징이 있어야 상대방에게 임팩트를 줄 수 있다. 쉽게 말해 남들에게 볼거리를 만들어주어야 한다는 뜻이다. 특히나 아저씨들에게는 포인트가 필수적이다. 아저씨 몸매에 얼굴의 인상도 특색이 없는 경우라면 그나마 넥타이를 이용해서라도 포인트를 주어야 하는데, 그마저 없이 항상 흰색 셔츠만 입고 나타난다면 그것을 본 상대방에게 어떤 깊은 첫인상을 심어주기란 매우 어려운 일이다.

이처럼 넥타이가 가진 힘은 당신의 생각보다 막대하다. 남자들의 이미지에 아주 큰 영향을 미치는 이런 요소는 그들에게만 국한된 이야기가 아니다. 많은 여성이 아마 이런 경험을 해보왔을 것이다. 평소에 캐주얼을 입고 다닐 때는 남자 같아 보이지도 않던 동기가 면접을 보러 간다며 정장에 넥타이를 반듯하게 매고 나타나면, 헉 소리가 날 정도로 달라보였던 기억을 가진 여자들이 많다는 점에 주목해보자. "아, 멋있다" 하고 자기도 모르게 감탄을 내뱉은 여자들이라면, 나의 말에 크게 공감이 갈 것이다. 그런데 그 모습이 왜 그렇게 멋있어 보였을까? 볼거리를 만들어주었기 때문이다. 그리고 그 중심에 넥타이가 있다. 넥타이는 작지만 화려하기 때문에, 남자들의 중요 포인트가 될 수 있다.

혹은 넥타이로 인상을 심어줄 수 없는 경우의 남자들이라면, 스트라이프가 강렬하게 들어간 셔츠를 입는 것이 좋다. 그것이 포인트가 되고, 더욱 세련되어 보인다. 아직 보편화되어 있지는 않지만, 행커치프를 꽂는 것도 좋은 방법이다. 평소에 넥타이를 매지 않는 어느 회장에게 행커치프를 선물한 적이 있는데, 그는 행커치프를 꽂아도 괜찮은 위치에 있기 때문인지 큰 괴리감이 느껴지지는 않았다. 그러나 우리나라의 고연령대 사람들은 조금이라도 튀는 것은 싫어하고 피하기 때문에, 행커치프를 잘 하지 않으려고 한다. 만약 지나치게 독특해 보일까봐 걱정하면서도 '영감님'으로 보이고 싶지는 않고 세련미를 갖

   당신을 위한 이미지 컨설팅

추고 싶다면, 그때 가장 좋은 선택이 바로 스트라이프 셔츠이다. 재킷을 입었을 때, 앞쪽에 드러나는 스트라이프 셔츠가 작은 포인트가 된다. 또한 안경도 좋은 포인트 액세서리이다.

카리스마를 만드는 하나의 방법인 포인트를 가지는 것은 아주 중요하다.

여자의 경우는 좀 더 다양해서 똑같은 흰색 블라우스를 입었더라도 카라가 있는지, 아니면 목이 올라온 차이나 스타일인지, 러플이 달려 있는지, 리본이 달려 있는지에 따라 다른 분위기를 낼 수 있다. 립스틱이나 액세서리로도 원하는 이미지를 만들어내는 것이 한층 수월하다. 문제는 자신이 고수한 스타일, 특히 메이크업 패턴을 바꾸지 않는다는 데 있다. 우리나라 여자들은 보통 30대가 지나면 메이크업 패턴을 바꾸지 않는다. 이것은 작년에 내가 수많은 여성 고객을 컨설팅하면서 나온 데이터에 근거한 결론이다.

나는 보험설계사들을 일대일로 컨설팅하면서 우리나라의 여성들에 대해서 정말 많은 것을 알게 되었다. 그것을 제대로 알기 전, 처음 컨설팅을 했을 때는 실패로 끝나고 말았다. 메이크업 방법을 알려주었는데도 강의 후에 변화가 없었다. 그래서

'메이크업이 바뀌었다, 달라졌다고 인식시킬 수 있는 방법이 대체 뭘까?'를 연구한 끝에, 두 번째 연수에 나섰을 때 제시한 것이 바로 립스틱이었다. 이 아이템은 누구라도 손쉽게 바꿀 수 있고, 적용할 수 있다. 나를 예로 들자면 웜 톤(warm tone)이면서 곡선인 사람이다. 노르스름하고 곡선이라 친근한 이미지이지만, 가장 지적인 이미지가 없어 보일 위험이 있는 부류이다. 이런 사람들이 써야 하는 립스틱 색깔은 갈색이다. 갈색 계열의 아이섀도와 립스틱을 바르면, 더 지적이고 카리스마 있게 느껴진다. 굳이 옷장 속에서 어떤 옷을 꺼낼지 고민하지 않고도 원하는 카리스마 이미지를 만들어낼 수 있는 것이다. 물론 이때 분홍색 리본이 잔뜩 달린 옷을 선택한다면, 애써 쌓은 카리스마는 한 방에 무너지고 말 것이다.

또한 가장 평범하게 입는 '블랙 앤드 화이트' 정장에 입술 색과 맞춘 스카프 하나만 해도 한결 이미지가 정돈된다는 것을 기억하기 바란다.

옷들에 대한 미련은 그야말로 미련일 뿐이다. 옷의 개수로 카리스마와 이미지가 만들어지는 것이 아니다. 그러므로 과감하게 정리하도록 하자. 10년 전의 추억이 담긴 옷, 싼값에 일단 사둔 옷, 찾다보니 왜 이런 게 있나 싶은 옷, 비싸서 차마 버리지 못하는 옷 등등 당신이 지난 2년 동안 입지 않은 옷이 있다면, 20년이 지난 뒤에도 입지 않을 가능성이 높다.

과감해져라. 자신의 카리스마를 만들 수 있는 아이템에 집중하자.

# 깔맞춤이
# 가져다주는 젊음



컬러를 보는 감각을 두뇌에 새길 수 있는 나이는 여섯 살까지라고 한다. 그때 보여주는 색깔은 파스텔 톤 같은 부드럽고 희미한 색이 아니라 원색이어야 한다. 선명한 컬러를 보여주는 것이 아이들에게 훨씬 좋은 영향을 미쳐서 컬러 감각을 높일 수 있다. 그것은 그림책만으로는 부족하며, 그보다 더 선명한 컬러에 노출되어야 한다. 내가 일본에서 컬러를 배웠을 때, 일본인 선생님은 화투가 좋은 도구라고 말했다. 무슨 소리인가 싶겠지만, 화투만큼 컬러풀한 것도 찾기 힘들다. 아이들에게는 그렇게 촌스럽고 지나치게 화려하다 싶을 정도로 원색의 컬러를 자주 보여주는 것이 좋다. 어릴 때 만들어진 감각은 두뇌를 형성하기 때문에 쉽게 바뀌지 않는다. 나이 들어 노력해서 겨우겨우 바꿀 수 있는 것을 어린 시절에는 곧바로 바꿔놓을 수 있다.

우리나라에서 TV에 컬러 방송이 시작된 시기는 1981년이다. 그때 유년기를 보낸 사람들이 지금의 30대이다. 컬러 TV 세대와 흑백 TV 세대 사이에는 컬러에 관한 한 건널 수 없는 강이 흐른다. 컬러를 일찍부터 접하고 자란 사람들은 색의 사용에 대해 자유롭고 편안한 마음을 가진다.

언젠가 인터넷에 겨울철의 한국 교복이라며 지하철 사진이 올라왔다. 사람들이 죄다 검정 패딩만 입고 있었다. 겨울에 우리나라 거리에 나가보면 온통 거무튀튀하다. 검정, 검정, 검정, 회색, 진한 회색, 옅은 회색, 이 범위를 거의 넘어서지 않는다. 어른들은 컬러에 대한 스트레스가 있다. 그나마 유행하는 색깔이라면서 브랜드들에서 도배를 하며 권할 때에만 '그럼 한번 해볼까?' 하며 따라가는 것이지, 자유롭게 컬러를 선택하지 못한다.

또 우리나라 엄마들은 아이와 외출할 때 꼭 세트로 입는다. 아이도 검정, 자기도 검정으로. 세련되게 입힌다고 파스텔 톤을 입히는 경우도 많다. 이것은 아이들의 컬러 감각을 죽이고 있는 일이다. 나는 유치원 선생님들을 대상으로 강의를 할 때면, 컬러에 대한 이야기를 빼놓지 않는다. 앞치마를 선생님들 눈에나 예쁜 검은색이나 파스텔 톤으로 하지 말라고. 조금 촌스러워 보일지라도 아주 선명한 색의 컬러풀한 것으로 선택하라고.

나도 아들에게 한번 실험을 해봤다. 그렇다고 색깔 공부를 따로 시킨 것은 아니다. 내가 아들을 임신했을 때에도 이미지 컨설팅 강의를 한창 하던 시기였다. 컬러 매치를 늘 접할 수밖에 없는 상황이었다. 아이가 태어난 뒤에는 손에 쥐어주는 물건들을 무조건 선명하고 화려한 색깔로 택했고, 무채색은 주지 않았다. 그 덕분인지 10대 후반인 지금, 아들은 컬러를 아주 자연스럽게 이용한다. 이른바 '깔맞춤'도 제대로 할 줄 알고, 또 제대로 맞추지 않으면 불편해한다. 이를테면 남색 교복을 입을 때는 파란색 가방을 들어야 하지, 절대로 검은색 가방은 들지 않는다. 한번은 검은색 정장을 입을 일이 있었는데, 옷에 맞춰야 한다며 검은색 가방을 사달라는 것이다. 나는 "그냥 있는 가방 들면 되지"라고 응수했지만, 그 아이에게는 있을 수 없는 일이었다. 아들은 기어코 옷과 가방의 색깔을 맞춰 들고 나서야 외출을 했다.

모든 사람은 선천적으로 컬러 감각이 있기를 원한다. 그러나 안타깝게도 대부분의 사람은 자신이 색감에 대한 센스가 없다고 생각하고, 실제로 없기도 하다. 컬러에 대해 배운 적이 없기 때문이다. 보통 사람들은 매일매일 옷 입을 때의 깔맞춤조차 어려워한다. 지금 30대 이상의 많은 수가 그런 어려움을 느끼고 있을지도 모른다. 20대들 중에는 자기가 잘 입는다고 생각하는 사람도 있는 듯하지만, 어떤 감각을 가지고 있는 것 같지는 않고 그저 색의 공통점을 갖추어 입을 뿐이다.

많은 사람이 옷을 잘 입고 싶은 것보다는 사실 색깔을 잘 맞추어 입기를 원한다. 그런 감각이 자연스럽게 생기려면, 말했듯이 어린 시절에 다양한 색을 보여주고 감각을 키워주어야 한다. 그런데 묘하게도 나이가 들면, 오히려 젊었을 때보다 더 컬러풀해진다. 색들을 제대로 맞추지 않는 것이 문제이지만.

'Everyone grows old, but some get there in STYLE!' 이 말은 '누구나 나이가 들지만, 어떤 사람들은 스타일이 있다!'라는 뜻으로, 뉴욕의 멋쟁이 노인들을 사진 찍어 모아놓은 시니어 패션 블로그인 '어드밴스드 스타일(Advanced Style)'이 표방하는 문구이다. 아리 세스 코헨이라는 사진작가는 뉴욕 거리에서 만난 패셔너블한 할머니와 할아버지들을 찍어서 자신의 블로그에 올렸다. 그는 차려입기 좋아하는 멋쟁이인 자기 할머니를 보다가 그런 아이디어를 얻었다고 한다. 사이트에 올라온 노인들을 보면 대단하다. 마치 무대 의상 같은 화려한 옷을 차려입은 사람도 있고, 평생을 가꿔온 품위와 카리스마가 느껴지는 사람도 많다. 패셔너블한 100세의 어떤 할머니는 완벽한 복장을 갖추지 않으면, 문밖으로 나가지 않는다고 말했다. "혹시 우체통에 편지가 왔나 보러 갈 때, 아는 사람을 마주칠 수도 있잖아요"라면서.

우리나라에도 점점 멋쟁이 노년층이 보인다. 얼마 전 나는 부산에 가는 KTX 열차 안에서 멋스러운 70대 할아버지 한 분을 보았다. 동그란 김구 안경을 쓰고, 청바지에 나비넥타이를 예쁘게 맨 그 할아버지에게 나도 모르게 자꾸만 눈길이 갔다. 우스갯소리로 말하자면, 저 정도 할아버지라면 연애도 할 수 있겠다는 생각까지 들었다. 이제 우리나라 노년층도 등산복에 배바지로 대표되는 일관된 패션에서 탈피할 때도 되었다. 노년에도 얼마든지 멋지게 자신의 이미지를 만들 수 있다. 컬러를 적극 활용하고, 마음가짐을 다르게 가지면 된다.

내가 컨설팅을 하는 클라이언트들 중에도 시니어 계층이 많다. 기업체의 회장이나 사장쯤 되면 대체로 50대 이상이다. 그런데 나이와 상관없이 젊은 에너지가 느껴지는 사람이 있는가 하면, 주름은 적어도 늙어 보이는 사람이 있다. 이는 사고방식의 차이이다. '안 된다'라는 부정적인 사고방식을 기본적으로 깔고 있는 사람은 이미 젊지 않다. 그런 사람은 모든 면에서 변화를 받아들이지 못하기에, 컨설팅을 해도 잘되지 않고 효과가 미미하다.

'꽃보다 할배'의 할아버지들도 컬러풀한 후드티와 색깔이 예쁘게 들어간 옷들을 차려입고 여행을 했다. 그들은 화려한 컬러를 통해 단순히 젊어 보이는 것뿐만 아니라, 젊은이들과 똑같은 능력이 있어 보였다. 선명한 색을 활용함으로써 생기 있고 화려한 이미지가 부여된 것이었다. 또한 젊은이들에게 '꽃보다 할배'의 주인공들이 주목을 받을 수 있었던 이유는 투덜거리면서도 배낭여행에 도전한 그 태도 때문일 것이다. 거기에 컬러풀한 옷들을 "싫어!" 하며 거부하지 않고 입었기 때문에 그런 경쾌한 분위기도 나올 수 있었다. 그렇게 입어도 전혀 문제될 것이 없다. 오히려 그들이 가지고 있는 연륜의 카리스마에 컬러가 더해지면서 더할 나위 없이 매력적인 카리스마가 나타났다고 할 수 있다.

도 대비, 채도 대비를 모두 혼합한 것이다. 검은색과 흰색처럼
대비가 선명하면 하이 콘트라스트, 검은색과 갈색처럼 약간 대
비되면 미디엄 콘트라스트, 거의 대비가 없으면 로 콘트라스트
라고 한다.

사람도 마찬가지이다. 하얀 얼굴에 까만 머리, 빨간 립스틱
은 하이 콘트라스트이다. 우리나라 남자들은 대부분 하이 콘트
라스트라고 할 수 있다. 머리 색이 검기 때문이다. 만약 염색을
해서 머리카락이 밝아진 상태라도 미디엄 콘트라스트라고 보

면 된다. 즉 머리카락을 연한 갈색으로 염색한 황인종은 미디엄 콘트라스트라고 할 수 있다. 따라서 그런 사람들이 하이 콘트라스트로 연출을 하려면, 한 벌 정장을 입더라도 포인트를 주어야 한다. 여자들은 브로치나 코르사주, 남자들은 넥타이나 행커치프를 사용하는 것이 좋다.

하이 콘트라스트 연출법은 힘의 카리스마를 부각시킨다. 능력 있고 똑똑해 보이며, 강인하고 날렵해 보인다. 단, 차갑고 지나치게 독립적으로 보일 수 있다는 단점이 있다. 미디엄 콘트라스트는 부드럽고 온화하며, 친근하고 친절한 이미지로 보이지만, 똑똑해 보이지 않는다는 것이 흠이다.

한편 로 콘트라스트는 은발에 가까운 머리 색에 하얀 피부인 사람이다. 여름에는 검정색 머리보다 아주 밝게 염색한 머리가 더 화사해 보인다. 컬러가 화려한 여름옷과 진한 색의 머리가 대비되면, 자칫 촌스럽게 보이는 위험이 있다.

어떤 방법이 맞고 틀린 것이라고 할 수는 없다. 그저 다를 뿐이고, 각각의 장단점이 있다. 만약 당신이 프레젠테이션을 앞두고 있다면, 그때의 컬러 전략은 두 가지로 나뉜다. 내가 주인공이 될 것이냐, 아니면 프레젠테이션에서 말하고자 하는 것이 주인공이 되게 할 것이냐. 만약 전자라면 당연히 당신의 선택은 하이 콘트라스트여야 한다. 그러나 후자일 때는 미디엄 콘트라스트를 유도해야 한다. 면접의 경우도 여러 명이 한꺼번에 들어가면 하이 콘트라스트, 면접관이 여럿이거나 일대일 면접일 때는 미디엄 콘트라스트를 이용하되 소품으로 스마트한 이미지를 더해주면 된다.

주의사항은 깔맞춤이라고 해서 무조건 컬러를 다 맞추어야 한다는 것은 아니라는 점이다. 색의 대비만 이용해도 컬러 전략을 쉽게 적용시킬 수 있다.

# 고정관념의 굴레를
벗어나라

**● 생각이 갇히면 몸은 움직이지 않는다. 생각부터 열어라 ●**

외국계 기업에서 임원들을 대상으로 강의를 했을 때의 일이
다. 나는 강의 도중 이런 질문을 던졌다. "스트라이프 정장에 스
트라이프 셔츠에 스트라이프 넥타이를 할 수 있을까요, 없을까
요?" 답은 무엇일까? 그 자리에 있던 사람들은 모두 "없어요"
라고 대답했다. 당신의 생각은 어떠한가? 나의 답은 "할 수 있어
요"이다.

스트라이프와 스트라이프, 체크와 체크의 조합은 금물이라
고 생각하는 사람이 많다. 그러나 『지큐(*GQ*)』나 『에스콰이어
(*Esquire*)』 같은 잡지를 보면, 스트라이프와 스트라이프를 함께
사용한 스타일이 많이 나온다. 나는 그런 예를 들며 중요한 팁

을 한 가지 말했다. "그런 조화가 가능하기 위해서는 스트라이프의 간격이 각기 다르면 됩니다. 그러니 한번 시도해보세요."

강의가 끝날 무렵, 그 회사의 CEO가 인사와 격려 차 들어왔다. 프랑스인이었다. 그런데 들어오는 순간, 눈이 번쩍 뜨였다. 조금 전 강의에서 말한 모델이 들어오고 있는 것이 아닌가! 마침 그는 스트라이프 더블 정장을 입고, 스트라이프 넥타이를 매고 있었다. "보세요. 사장님도 스트라이프, 스트라이프를 이용하셨네요." 너무나 멋지게 어울렸다. 역시 그도 스트라이프 간격의 차이를 기본으로 하고 있었다. 정장의 스트라이프 간격은 좁고, 넥타이의 스트라이프 간격은 넓었다. 그는 그렇게 산 증인이 되었다.

고정관념에 가로막힐 필요가 없다. 멋쟁이는 통념을 뒤집는다. 그러나 뒤집어도 제대로 뒤집어야 한다. 막무가내로 튀는 차림을 한다고 해서 그것이 캐릭터가 되는 것은 아니다. 우리나라는 젊은 남자들이 바지를 지나치게 짧게 입는다. 대부분 복숭아뼈에서 끝나게 입는데, 그런 차림을 연예인들이 주도하고 있기는 하지만 일반인들 중에서도 다수가 그렇게 입는다. 그러나 복숭아뼈에서 바지 길이를 끊어내려면, 남자의 키가 182센티미터 이상이어야 적합하다. 만약 큰 키가 아닌 사람들이 바지를 짧게 입으면, 원래 다리 길이보다 짧아 보여서 '숏다리'로 보일 위험이 있다.

예전에 어느 벤처 기업의 CEO를 만난 적이 있다. 그는 여자 친구와 함께 면담을 받았는데, 여자 친구는 남자의 변화를 원하고 있었다. 그런데 CEO인 그 사람은 지금의 자기 스타일이 좋다고 하며 고집을 부렸다.

설사 자신만의 스타일을 고수한다고 해도 시간, 장소, 목적, 즉 TPO에 따라 달라지는 것이 중요하다. 상갓집에 갈 때는 검은색 정장을 입고, 등산을 갈 때는 편한 등산복으로 찾아 입

는 이유가 무엇인가? 사회생활을 할 때는 다양한 상황에 따라 필요한 옷차림과 태도가 있다. 나의 주장은 그것을 세련되게 갖추면서 자신의 카리스마를 만들자는 것인데, 그것을 단지 '꾸미기'로 생각해서 어색해하며 거부하는 경우가 안타깝기만 하다.

이미지 컨설팅은 인형처럼 꾸미는 것이 아니다. 고정관념을 깨서 자신만의 카리스마 이미지를 만들어가는 과정이다. 내가 이 분야에 대한 관심이 더 커진 것은 한 편의 영화 덕분이다. 브루스 윌리스 주연의 2001년작 「키드」에서 그의 직업이 이미지 컨설턴트였다. LA에서 활동하는 신경질적인 이미지 컨설턴트에게 여덟 살의 자신이 찾아온다. 부와 명예를 누리며 신나게 독신생활을 즐기는 본인의 모습에 그 꼬마는 전혀 만족하지 못한다. 영화는 결국 거품에 쌓인 고독한 도시에서의 생활을 버리고 자연으로 돌아가자는 내용이다. 이 영화가 나를 끌어당긴 것은 그런 스토리가 아니다. 나는 그때서야 비로소 진짜 이미지 컨설턴트의 삶을 보게 되었다.

영화 중반까지 브루스 윌리스가 하는 이미지 컨설팅과 관련된 이야기가 나온다. 그는 LA의 시장을 컨설팅했는데, 그만 불륜 스캔들에 고객인 시장이 연루되고 만다. 그래서 그는 그 문제를 어떻게 타파할지 고민하다가 해결책으로 아이들과의 파이 싸움을 제안한다. 어린아이들을 모아놓고서 서로 파이를 던지는 모습을 촬영한 뒤, 그것을 언론에 배포한 것이다. 아이들이 천진하게 웃으며 던진 파이를 맞는 시장의 모습, 그리고 순하게 웃는 모습, 바로 그런 모습들을 통해서 그의 추락한 이미지를 바꾸는 것이 브루스 윌리스의 목표였다. 나는 그 장면을 보고 꽤나 충격을 받았다. '이것이 이미지 컨설팅이구나!'라는 깨달음과 함께.

추락한 평판을 회복하거나 쇄신하기 위해 전략적으로 만들어가는 이미지 연출법은 지금도 광범위하게 활용되고 있다. 추문에 휘말린 연예인들이 화장기 없는 깨끗한 얼굴로 봉사활동에 나서는 방법은 이미 고전이다. 정치인이나 기업가들 역시 전략적으로 이미지 변화를 추구하기는 마찬가지이다.

그러나 감추고, 가리고, 포장하는 것만이 이미지를 만드는 방법은 아니다. 내가 생각하는 가장 좋은 이미지란, 솔직하게 다 보여주는 것이다. 이것이 나의 첫 번째 철학으로, 이미지를 솔직하게 보여주게끔 도와주는 것이 바로 이미지 컨설팅의 영역이다. 어차피 한 사람의 360도를 모두 보여줄 수는 없다. 그렇다면 보여주고자 하는 부분을 강화해서 드러내야 한다.

　　　　　　　　　　　　　당신을 위한 이미지 컨설팅

내가 생각하는
가장 좋은 이미지란
솔직하게 다 보여주는 것이다.

특히 공인들은 더욱 그러하다. 대통령이든 장관이든 간에 공인은 기본적으로 서비스 마인드가 있어야 한다. 비리를 저지르지 말아야 함은 물론이고, 국민들이 자신에게 무엇을 원하는지도 고심해야 한다. 이것이야말로 한 나라의 녹을 먹는 사람이 반드시 해야 할 의무라고 생각한다. 그들도 사람이니 당연히 실수를 할 수 있고, 잘못도 할 수 있다. 그리고 어느 정도 우리가 익숙해져야 할 부분도 있다. 그러나 그들이 제일 먼저 생각해야 하는 것은 국민들이 뽑았든 대통령이 임명했든, 자신이 국민들이 낸 세금을 받고 사는 사람이라면, 적어도 국민들이 어떤 점을 원하는지 정도는 생각해보아야 한다는 말이다. 그러나 우리나라는 고위 공직자들조차도 과연 그런 생각을 하고 있는지 의문이 들지 않을 수 없다. 고정관념에 사로잡혀 그것을 깨치고 나올 노력을 하지 않는 듯이 보여 안타까울 따름이다.

우리나라 사람들이 가장 많이 하는 말이 "나 원래 그런 사람 아닌데"이다. "원래 이렇지 않은데 남들은 몰라줘", "원래는 차가운 사람이 아닌데 다른 사람들이 오해해", "나도 알고 보면 부드러운 사람인데" 등등 이런 비슷한 말들을 다들 들어보았을 것이다. 어쩌면 직접 한 적도 있을 것이다. 그러나 이렇게 오해를 사는 것은 자신의 잘못이기도 하다. 본인이 표현하지 않았기 때문에 남들이 알아보지 못한 것이다.

스스로에게 고정관념이 있는 것처럼, 남들도 고정관념을 가지고 있다. 이런 고착화된 생각을 깨는 순간, 새로운 카리스마가 비집고 들어올 틈이 생긴다. 이때 주의해야 할 점이 하나 있는데, 다음의 예를 통해 한번 생각해보자.

지인의 경험담으로, 그녀의 후배가 클럽에서 만난 남자를 사귀게 되었다고 한다. 그는 한의사였다. 어느 날 후배가 남자 친구를 소개하는 자리를 마련했는데, 약속 장소에 나가보니 후배 옆에 웬 트로트 가수가 앉아 있더라는 것이다. 번쩍번쩍 광택이 나는 재킷과 그 안에 입은 흰색 셔츠는 단추마다 컬러가 달랐다. '한의사는 무슨! 얘가 사기꾼을 만나고 있잖아!' 옷차림에서 이미 불신을 품게 된 후, 그 남자가 무슨 말을 해도 사기꾼의 말로만 들렸다고 한다. 그러나 지인의 생각과 달리 그는 한의사가 맞았고, 알면 알수록 진국인 남자였다.

어느 정도 가까워진 다음에야 그에게 "왜 옷을 그렇게 입으세요?"라고 물어보았다는데, 그러자 그가 대답하기를 원래 옷에 관심이 많아서 늘 새로운 실험을 하고 있다는 것이었다. 자신의 이미지를 깨고 한의사라는 직업에서 오는 고정관념을 벗어나려고 한 그의 시도와 노력은 훌륭했지만, 직업적으로 가져야 하는 카리스마를 지키는 데는 실패한 사례라고 하겠다.

전혀 고정관념에 기댈 필요가 없다. 그러나 이것은 자신의 일, 캐릭터, 카리스마라는 바탕 위에서의 이야기이다. 파격적인 이미지 변신 때문에 자신의 직업적 성격이 방해를 받는다면, 그것은 곤란한 일이 아니겠는가?

중심이 단단하게 선 카리스마여야 스스로에게도, 남에게도 인정받을 수 있다는 것을 명심하라.

# 타인이 보듯이 자신의 모습을 바라보라



"여기 보세요! 하나, 둘, 셋!"

이 말을 들으면, 10명 중 8명은 석상처럼 굳어버린다. 특히 40대 이상이 그렇다. 그들의 앨범을 보면, 딱딱하게 굳은 모습의 사진이 대부분이다. 그나마 요즘 젊은 사람들은 그보다는 나아서, 혼자 이런저런 포즈와 각도로 찍는 셀프 사진도 수준급이다. 자신이 가장 예쁘게 나오는 조명을 알고, 표정도 알고 있다. 그렇게 때로는 청순하게, 때로는 프로페셔널하게, 또 가끔은 섹시하게 사진을 이용하여 이미지를 바꾸곤 한다.

모 연예인의 경우, 언론에 나가는 모든 사진은 왼쪽 얼굴이 찍힌 것으로만 나가게끔 요청한다. 보도자료도 늘 왼쪽 얼굴이 더 부각되게 찍힌 것으로만 활용한다. 그러다보니 포토월에 설 때에도 늘 왼쪽이 보이게 선다. 그 연예인의 오른쪽 얼굴이 부각된 사진은 희귀 자료라고 할 만큼 찾기가 어렵다.

사람의 얼굴은 누구나 비대칭이다. 거의 완벽한 비율을 가진 미남 미녀라 하더라도 웃는 표정이나 놀라는 표정 등에서는 미세한 근육의 차이, 주름의 차이로 비대칭 얼굴이 된다. 그래서 더 괜찮은 부분과 그렇지 않은 부분이 존재한다. 그런 부분은 혼자서 파악하기 어렵고, 그렇다고 해서 자신의 얼굴을 분석하기 위해 사진을 찍어 확인해보기란 더더욱 어렵다. 앞에서 말한 것처럼 카메라 앞에만 서면 석상이 되어버리기 때문에 자신이 평소 어떤 표정을 짓는지, 어떤 장단점이 있는지 파악하는 데는 전혀 도움이 되지 않는다.

이미지 컨설팅을 처음 시작했을 때, 나의 가장 큰 고민도 이런 문제였다. 나에게는 분명히 그 사람과 대화를 하면서 보완할 점이 보이는데, 정작 당사자는 그 사실을 받아들이지 않는 경우가 많았다. 입을 찌그러뜨리면서 말한다고 하면 자기가 그럴 리 없다고 펄쩍 뛰고, 눈을 너무 가늘게 뜬다고 하면 무슨 소리냐고 손사래를 치는 경우가 수도 없이 많았다.

그래서 내가 이미지 컨설팅 분야에서 최초로 구상하고 도입

     

한 것이 '포토 컨설팅'이다. 고객에게 자연스럽게 컨설팅을 하면서 그 사람이 보여주는 평소 모습을 수십 장, 수백 장의 사진에 담았다. 사진을 찍기 위해 포즈를 따로 취하는 것이 아니라 자연스럽게 포착했기 때문에, 평상시 고객들의 모습이 가감 없이 사진에 담기게 된다. 그렇게 찍은 사진을 직접 보여주면서 이미지 컨설팅을 했더니, 반응은 폭발적이었다.

그들은 일단 자기도 모르게 가지고 있던 습관과 낯설 만큼 적나라하게 드러나는 모습들을 보고 깜짝 놀랐고, 내가 그 포인트를 집어내서 적절한 컨설팅을 하는 것에 두 번 놀랐다. 특히 스스로의 모습에 자신감이 있어서 이미지 컨설팅이 별로 필요 없다고 생각했던 사람들에게 오히려 더 좋은 반응이 왔다.

한 번도 보지 못한 자신의 모습을 그 자리에서 보고, 보완할 점과 부각시켜야 할 점을 꼭 집어주니 만족도가 높을 수밖에 없었다. 포토샵을 이용한 수정이나 의도된 포즈를 하지 않은 사진은 가장 스스로를 정확하게 볼 수 있는 도구이다. 사소한 습관이나 제스처, 눈빛까지 단박에 파악할 수 있고, 곧바로 스타일 점검도 가능하다.

자연스럽게 찍은 사진을 가지고 컨설팅을 시작한 것은 처음에는 설득의 도구였지만, 이후에는 고객이 스스로를 객관화할 수 있도록 도와주는 자료가 되었다. 사진으로 보게 되면, 이미지 컨설팅을 받아들이는 속도가 빨라진다.

다시 한 번 말하지만, 이미지 컨설팅은 겉모습만 변신시키는 것이 아니다. 자신의 목표에 맞는 이미지를 선정하고, 그에 맞는 내면의 카리스마를 구축하게끔 유도하는 과정이다. 그리고 그 모든 과정의 궁극적 목표는 개인의 행복에 있다. 목표 달성을 통한 행복이 되었든, 자신에게 가장 잘 어울리는 스스로의 모습을 찾은 것에 대한 행복이 되었든 간에, 행복한 것이 우선이다. 그러기 위해서는 스스로의 모습을 파악해야 하는데, 그때 사진은 가장 적합한 객관화의 도구가 되어준다.


한번은 상견례를 앞두고 있는 한 여성 CEO가 평소에 세 보인다는 말을 많이 들었다며 컨설팅을 의뢰해왔다. 만나보니 그 대표는 컬러나 소품 정도로 가려지는 카리스마가 아니었다. 상견례 자리에는 더더욱 왕비의 카리스마를 가지고 나가야 하는데, 그녀가 지니고 있는 카리스마는 완벽한 여왕의 카리스마였다. 컨설팅을 시작하면서 그 부분에 대해 설명을 하고 눈빛과 제스처, 그리고 옷 스타일에 대한 조언을 해주었다.

처음에는 반신반의하던 그녀의 태도가 확 바뀐 것은 본인이 찍힌 사진을 보고 난 후였다. 그 사진들에는 억지로 포즈를 취하거나, 의도적으로 부드러운 표정을 짓고 찍었던 사진들에는 나오지 않았던 그녀가 가진 본래의 강한 모습이 확연하게 드러났다. 게다가 그녀는 말을 하면서 약간 미간을 찡그리며 눈을 쏘아보는 습관이 있었고, 집게손가락으로 사물을 딱딱 짚는 제스처도 굉장히 자주 했다. 허리는 꼿꼿하게 펴고 앉되 다리를 꼬고 상체를 약간 젖히는 포즈는 한 회사의 대표로서 당당하고 카리스마 있는 모습을 보여주는 데는 좋았지만, 어른들은 좋아하지 않을 모습이었다. 또 머리카락을 정수리 바로 아래쪽으로 당겨서 둥글게 말아놓고, 헤어 젤로 단단하게 고정시켜 잔머리 한 올 나오지 않게 묶은 헤어스타일과 커다란 귀고리는 "나는 정말 강한 이미지의 사람입니다"를 확고하게 말해주고 있었다.

그녀가 원했던 소위 '청담동 며느리' 스타일은 고급스러우면서도 젊은 뉴엘레강스 이미지이다. 영화 「리플리」에서 귀네스 펠트로가 보여준 것이 바로 뉴엘레강스 이미지이다. 전통적인 엘레강스 이미지는 영국의 여왕처럼 단아하고 우아하며 고급스럽지만 요란하지 않은 스타일로, 그 엘레강스함을 젊은 사람들이 활용하기에는 고루한 느낌이 있어 약간 변형해서 접목시킨 것이 뉴엘레강스이다. 진하지 않은 화장에 샤넬이나 디올

풍의 단정하고 고급스러운 한 벌 정장, 혹은 부드럽게 떨어지는 라인으로 직선과 곡선을 함께 이용한 원피스에 스카프 등으로 선을 만들어주는 스타일이다. 절제되어 있지만 조화로움 속에서 고급스러운 느낌이 묻어나야 한다. 그러려면 일단 목소리 톤을 낮추고, 차분하게 천천히 말하는 대화법이 중요하다. 딱딱 끊어지는 단문 대신 살짝 말꼬리를 길게 가져가되, 장황하지 않은 문장을 써야 한다. 예를 들어 "네, 알겠습니다" 대신 "아, 네……. 잘 알겠습니다아" 같은 느낌이다.

상견례를 걱정하던 그녀에게 내가 해준 말은 가르마는 가운데보다는 약간 옆으로, 머리는 살짝 웨이브를 주어 어깨까지 풀고, 귀고리는 작고 고급스러운 것으로 사용하라는 조언이었다. 그리고 화장도 진하지 않은 갈색 계열이나 톤 다운된 분홍색으로 살짝만 하고, 선이 딱 떨어지는 더블 재킷 대신 곡선으로 부드럽게 떨어지는 재킷에 원피스를 입으라고 권했다. 컬러 콘트라스트는 중간 정도로 부드러운 컬러를 쓰고, 전체적인 옷감의 재질도 고급스러운 것을 선택하도록 했다. 또한 의도적으로 눈빛에서 힘을 빼고, 평소보다 조금 낮은 목소리로 한 템포 천천히 말하라고 컨설팅했다.

그녀가 이미 가지고 있는 카리스마는 힘의 카리스마 중에 하

진짜 본인의 모습을 찾고,
그 안에서 행복해지기를
진심으로 응원한다.

나인 여왕의 카리스마였기 때문에, 나는 전체적으로 부드러움을 더하고 온화함을 보완할 수 있는 방법을 알려주었다. 그녀는 이렇게 보완함으로써 기본 성향은 여왕의 카리스마이되, 상견례 자리라는 상황에 맞게 왕비의 카리스마로 잘 준비할 수 있었다. 결과적으로 상견례는 무척 성공적이었고, 평소 그녀의 그런 모습을 보지 못했던 예비 신랑의 찬사도 쏟아졌다고 한다. 그녀 스스로도 가장 기뻐했던 점은 자신에게는 절대로 존재하지 않을 것 같았던 부드럽고 위엄 있는 우아함을 발견했다는 사실이었다.

언제든지 자신의 목적에 따라 필요한 카리스마로 무장할 수 있다는 것은 굉장히 행복한 일이다. 그것은 나를 나답게 드러내주고, 인생을 즐기고 누릴 수 있게끔 해준다.

당신이 이 책에서 이미지 컨설팅에 대한 조언과 다양한 사례들을 보고, 자신을 객관적으로 바라보는 데 도움이 되었으면 좋겠다. 그리고 더 나아가 카리스마 있는 이미지를 극대화시키는 방법을 발견할 수 있기를 바란다. 그리하여 진짜 본인의 모습을 찾고, 그 안에서 행복해지기를 진심으로 응원한다.

# 이미지를 고민하는 당신에게

 **20대 남자: 노○○(27세)**

안녕하세요? 저는 스물일곱에 이제 곧 취업 면접을 앞두고 있습니다. 사실 전공 점수나 토익, 토플, 제2외국어 같은 부분에서는 남들과 비슷하다고 생각합니다.

그런데 문제는 제 외모입니다. 유전적으로 머리숱이 많이 없고 일찍부터 빠지는 바람에 대학 시절 내내 스킨헤드로 다녔을 정도거든요. 면접을 앞두고 머리를 좀 기르기는 했는데, 나이보다 훨씬 늙어 보이는 데다가 영 스타일도 살지 않아서 걱정입니다. 게다가 제가 키도 좀 작거든요. 170센티미터도 되지 않는데, 워낙 먹는 걸 좋아해서 통통한 편이기도 합니다. 남자치고는 하얀 피부를 가지고 있구요.

대체 면접 때 어떻게 해야 좋은 이미지를 줄 수 있을까요?

## 강진주 소장의 팁!

남자에게 헤어스타일이 큰 비중을 차지한다는 것을 이미 잘 알고 계시네요. 그래서 더 고민이 많으실 듯합니다. 우선 스킨헤드 스타일을 시도한 것은 잘 결정하신 일입니다. 다만 지금부터는 취업을 하셔야 하니까, 머리카락을 기르는 것이 좋겠습니다. 또한 커트를 할 때, 전체적으로 똑같은 길이로 하는 것이 좋습니다. 같은 길이로 짧게 자르면 탈모가 많이 보이지 않을 것입니다.

### CASE 2  20대 여자: 김○○(28세)

안녕하세요. 저는 스물다섯 살이구요, 이번에 대학교를 졸업했습니다. 지금까지 서류는 늘 통과했는데 이상하게 면접에서 자꾸 떨어져서 고민이에요. 제 인상이 나쁘지는 않거든요? 사실 학교 다닐 때는 오빠들이랑 후배들이 많이 따라다니기도 하고 그랬어요. 별명도 청순 코스모스였구요. 키는 163센티미터이고, 몸무게는 45킬로그램 정도? 좀 마른 편이에요. 잘 웃기도 하구요.

좋아하는 색은 분홍이나 연두 같은 고운 색을 좋아해요. 마른 체형이라서 볼륨 있게 보이려고 리본이나 레이스가 달린 옷을 많이 입기는 해요. 그렇다고 면접 때 분홍색 원피스를 입는 건 아니구요, 그냥 단정한 정장을 입습니다. 그런데 자꾸 어려 보인다고 하고, 막내냐고 물어보니까 앞으로가 좀 걱정이 되요.

저는 어떤 이미지를 더해야 할까요? 고민이에요.

남자 분들이 정말 좋아하는 청순가련형의 이미지시네요. 그런데 면접 때는 여성적인 이미지를 보이는 것보다는 비즈니스적인 이미지를 보여주는 것이 중요합니다. 따라서 이제까지 입으셨던 공주풍의 의상에 변화가 필요합니다.

옷감을 고를 때는 빳빳한 재질을 선택해야 마른 체형을 커버할 수 있습니다. 또한 정장은 곡선보다는 직선형을 선택하는 것이 좋습니다. 그리고 원피스보다 재킷과 스커트 복장을 하시고, 셔츠 스타일의 이너웨어를 입어주세요. 그것이 지나치게 여성적인 이미지는 덜어내고, 비즈니스우먼의 이미지를 더해줄 것입니다. 정장의 컬러는 남색을 선택하는 것이 비즈니스 이미지를 만드는 데 좋습니다. 셔츠도 하늘색을 사용해보세요.

마지막으로, 면접장에 들어가서는 많이 웃지 마세요. 절대로! 카리스마가 확 무너지게 되니까요.

행운을 빕니다.

## CASE 3  30대 남자: 강○○(34세)

안녕하십니까? 입사 5년 차 대리입니다. 제가 고민이 좀 있습니다. 이번에 처음으로 상사와 함께 출장을 가는데, 굉장히 중요한 바이어 미팅입니다. 상사는 며칠 전부터 넥타이에 구두까지 고민하더라구요.

문제는 접니다. 사실 제가 오랫동안 럭비를 해서 덩치가 좀 큰 편입니다. 키도 180센티미터가 넘는데, 이런저런 운동을 섭렵해서 본의 아니게 소위 말하는 어깨 깡패, 근육 깡패가 되었거든요. 그래서 몸에 맞는 정장이 거의 없어 맞춰 입곤 합니다. 그러다보니 보통은 검은색 정장 하나만 줄기차게 입죠. 가끔은 그냥 서 있어도 경호원으로 오해를 받는데, 해외 바이어에게까지 겁을 주고 싶지는 않습니다. 승부사 기질이 있어서 눈도 좀 매서운 편이거든요. 그래서 멍하게 어디를 보고 있으면, 옆 사람이 묻습니다. 화난 게 있냐구요.

이번 바이어 미팅 출장, 저에게 아주 중요한데 대체 저는 어떤 이미지를 보완해야 할까요?

### 💬 강진주 소장의 팁!

아주 좋은 체형을 가지고 계시는데, 고민을 하시는군요!

첫 출장은 상사에게 좋은 이미지를 보여줄 수 있는 기회입니다. 그렇지만 평소 눈빛이 매섭다고 하시니, 아마 그 자체로도 숨길 수 없는 카리스마가 압도적으로 뻗어 나올 것 같습니다. 이것은 큰 장점이 분명하지만 아직 직급이 대리이니, 그 부분은 현재로서는 좀 가려주시는 것이 좋겠습니다. 우선 매서운 눈빛을 가리는 연한 갈색의 안경이 필요합니다. 모양은 둥근 형태가 좋습니다.

한편 검은색 정장은 넓은 어깨를 더욱 부각시키기 때문에 그보다는 남색 컬러를 권합니다. 정장 핏은 크지도 작지도 않게 입는 것이 중요합니다. 어깨도 딱 맞게, 품도 딱 맞게 입는 것이 좋습니다.

그리고 넥타이는 하이 콘트라스트인 파란색 계열의 사선 스트라이프가 좋습니다. 며칠만 가는 출장이라면 여분으로 연한 컬러의 사선 스트라이프 넥타이를 함께 준비하세요. 셔츠는 흰색보다는 연한 하늘색이 더 좋습니다. 열심히 일하는 이미지를 만들어낼 것입니다.

그럼 당신의 능력을 보여주세요. 파이팅!

### CASE 4  30대 여자: 고○○(36세)

저는 이번에 무척 중요한 발표를 앞두고 있는 과장입니다. 경력은 10년쯤 되었구요. 그동안 프레젠테이션을 안 해본 것은 아니지만, 이번 건이 특히 중요하거든요. 경쟁사에서도 저랑 비슷한 경력의 여자 과장들이 와서 프레젠테이션을 한다고 해서 고민이 됩니다. 제가 딱히 눈에 띄는 외모가 아니라서 아무래도 확실한 인상을 주지 못할 것 같아요.

평균적으로 66사이즈를 입구요, 머리는 긴 생머리입니다. 외까풀에 약간 각진 얼굴이어서 동양적이라는 이야기와, 평범하다는 말을 많이 들어요. 또 이목구비가 작은 편이라 평소에 화장을 많이 하지는 않습니다. 조금만 색조를 하면 어색하게 느껴져서요.

이번 발표를 꼭 성공하고 싶은데, 어떤 이미지로 변신하면 도움이 될까요?

### 💬 강진주 소장의 팁!

우선 헤어스타일에 변화를 주어 한번 묶어보세요. 그러나 포니테일 스타일로 지나치게 위로 묶지 마시고, 조금 아래쪽으로 묶는 것이 좋습니다. 헤어 장식은 하지 않는 것이 낫습니다. 또 너무 화려한 끈으로 묶는 것도 좋지 않습니다.

메이크업에서 신경써야 하는 부분은 아이라인인데요, 다른 색조 화장은 하지 않더라도 아이라인은 꼭 그리는 것이 좋습니다. 아이라인을 하면 얼굴에 선명한 이미지를 만들 수 있습니다.

의상은 진한 색의 정장에 선명한 컬러의 이너웨어를 입으세요. 그리고 이너웨어에 많은 장식이 들어간 것은 피해주세요. 심플한 디자인을 고르되 아주 선명한 컬러를 선택하면, 더 샤프한 이미지 연출을 할 수 있을 것입니다.

프레젠테이션을 성공적으로 마치시길 바라겠습니다!

### CASE 5  40대 남자: 문○○(45세)

강 소장님, 처음 뵙겠습니다. 저는 40대 중반이구요, 이번에 승진 심사를 앞두고 있는데 고민이 되는 부분이 있습니다. 제가 워낙 조용한 스타일이라 여직원들도 스스럼없이 저에게 자주 고민을 말하곤 하는데, 이게 승진할 때 윗사람들에게는 별로 좋은 이미지가 아닌 모양이더라구요. 제가 너무 무르다고 생각하시는 것 같아요. 하긴 평소에도 조용한 편이고, 제 외모도 둥글둥글하거든요. 대학교 다닐 때부터 별명이 KFC 할아버지였습니다.

전체적으로 통통한 편이고, 머리숱은 좀 허술합니다. 머리카락이 일찍 빠져서 가운데가 휑하거든요. 키는 작지도 크지도 않은데, 배가 나와서 바지를 좀 길게 올려서 입는 편입니다. 일명 배바지라고 하더라구요.

몇 달 뒤에 있을 승진 심사에 꼭 통과하고 싶은데, 제 이미지 어떻게 안 될까요?

### ⬜ 강진주 소장의 팁!

당신에게 필요한 것은 카리스마입니다.

진한 컬러의 사각 프레임 안경을 사용해보세요. 딱딱한 이미지가 카리스마를 더해줄 것입니다. 또한 머리로 향하는 시선을 얼굴에 잡아둘 수 있어서 일석이조의 역할을 할 것입니다.

재킷을 입으실 때는 총장 길이가 중요합니다. 재킷의 길이를 너무 길게 입지 마세요. 바지 허리의 위치는 배꼽에서부터 3센티미터 밑입니다. 이 위치가 배바지를 방지할 수 있는 라인입니다. 처음에는 조금 불편하실 수도 있지만, 전체적인 스타일을 위해서는 가슴 아래까지 올려 입는 바지 착용법부터 바꾸셔야 합니다.

그리고 의상을 입으실 때는 항상 포인트가 되는 컬러를 이용해야 한다는 점을 잊지 마세요! 붉은색 계열의 포인트가 좋습니다.

또한 부하 직원에게 지시를 내릴 때는 말을 길게 하지 마시고, 짧은 문장으로 정리해서 말하는 것이 좋습니다. 입을 크게 벌려서 이야기하는 습관을 가져보세요.

승진에 꼭 성공하시기를 바랍니다!

안녕하세요? 저는 영업직 종사자입니다. 제가 하는 일이 영업이다보니 하루에도 몇 명씩 사람을 만나곤 하는데요. 젊었을 때는 젊은 기운에 막 들이대고 그랬는데, 이제 나이가 드니 제 이미지를 좀 만들어야 할 필요가 느껴지더라구요.

나잇살이 붙어서 많이 통통한 편이구요, 키는 무척 작습니다. 친한 친구들이 가끔 놀리는 투로, 공 세 개가 나란히 붙어 있으면 제 몸매라고 할 정도예요.

말은 좀 빠른 편이고, 성격도 급해서 행동이 큽니다. 머리는 짧은데 손질하는 시간이 아까워서 강하게 컬을 넣고, 검은색으로 염색도 자주 합니다. 젊어 보이고 싶어서요. 이목구비는 크지도 작지도 않습니다. 쌍꺼풀은 좀 큰 편이구요.

제가 만나는 고객들이 젊은 층에서부터 나이 드신 분까지 다양하고, 신뢰와 친근감을 함께 주어야 하는 일이다보니, 저의 이미지를 어떻게 만들어야 할지 고민이 됩니다. 저 좀 도와주세요!

## 💬 강진주 소장의 팁!

저랑 비슷한 이미지의 소유자시네요. 저 역시 비슷한 체형이라 더 상세하게 조언해 드릴 수 있을 것 같습니다.

우선 헤어스타일은 컬이 없는 편이 낫고, 어깨에 닿지 않을 정도의 짧은 길이가 좋습니다. 앞머리는 조금 길게 연출하시는 것이 더 어울리실 듯합니다.

또 동그란 눈의 메이크업에는 아이라인이 필수입니다. 아이라인을 길게 그려서 얼굴에 확실한 이미지를 보여주세요. 추어올려 그린다기보다는 일자로 길게 뺀다는 느낌으로 해주셔야 선명하면서 눈매가 길어 보입니다.

주의하실 점은 넉넉한 의상을 입으면 안 된다는 것입니다. 보통 살집이 있으신 분들이 통통함을 가리려고 박스형으로 크게 입는 경향이 있는데, 이는 카리스마를 완전히 무너뜨리는 옷차림입니다. 세미 정장이든 일반 정장이든 간에 이너웨어를 딱 맞게 입는 것이 좋고, 그 위의 재킷 또한 풍성하게 입지 않는 것이 좋습니다. 재킷의 길이도 엉덩이 중간선 위로 10센티미터에서 끝나는 것이 좋습니다. 너무 긴 재킷은 키가 작고 뚱뚱해 보입니다. 스커트를 입으실 때는 무릎 바로 위까지 오는 길이가 좋습니다.

눈빛에 힘을 주는 연습을 하시고, 고객을 만날 때 많이 웃는 것보다 미소를 유지하는 것이 더욱 신뢰를 줄 수 있는 방법입니다.

일하는 여성이 항상 아름답습니다. 건승하세요!

# 모두가 카리스마를 가지는 그날까지

카리스마는 성공의 도구이기 이전에 삶의 행복을 위한 기본 요소이다. 그래서 32세 전에 카리스마를 완성하라고 하는 것이다. 인생의 척추, 몸과 마음이 따로 놀지 않고 열정적으로 삶에 뛰어들 준비가 되어 있는 그때가 바로 카리스마를 만들 가장 적절한 시기이다.

그렇기 때문에 20대에는 아직 생기지 않은 카리스마를 위해 자신의 미래 모습을 그리고, 거기에 맞추어 제대로 된 카리스마를 찾아가는 과정이 필요한 것이다. 또한 32세 이후에는 이미 만들어진 이미지에 필요한 이미지를 보완하는 작업이 필요하다.

누누이 이야기하지만 32세라는 것은 절대적인 한계를 정한 숫자가 아니다. 가장 기준점으로 삼기 좋은 시기일 뿐이다. 그러니 이 시기를 놓쳤다고 아쉬워하지도 말고, 아직 멀었다고 방관하지도 말자. 지금 이 순간도 당신에게는 카리스마가 필요하다.

얼마 전 영업 일을 주로 하는 국내 모 기업의 임원 100여 명을 대상으로 이미지 컨설팅을 한 뒤, 기업 측으로부터 회의 분위기가 확 달라졌다는 반가운 칭찬을 들었다. "구체적으로 어떤 부분이 달라졌습니까?"라고 물었더니 무엇보다도 분위기가 환해졌다는 애매한 답이 돌아왔다.

과연 무엇이 달라졌을까? 사실 달라진 부분은 많지 않았다. 외면적인 변화는 넥타이의 컬러와 패턴이 바뀐 것이 고작이었다. 컨설팅을 받았다고 해서 당장 입던 옷을 처분하고 몽땅 새로 살 수도 없고, 수십 년 동안 살면서 생긴 습관을 단번에 고칠 수도 없다.

그 기업의 임원회의 분위기가 달라진 것은 눈빛 때문이었다. 나의 이미지 컨설팅 강의가 넥타이 하나를 바꾼 미미한 결과를 만들었을 뿐이라고 생각할 수도 있겠지만, 사실 그 컨설팅은 임원들의 눈빛을 완전히 바꾸어놓았다. 자신에게 맞는 넥타이로 바꿔 맨 것이 그들의 자신감을 상승시키는 중요한 요소가 된 것이다. 즉 그들은 이미지 컨설팅의 핵심을 이해함으로써 본인의 이미지가 달라질 수 있음을 깨달았고, 거기서 오는 자신감이 눈빛에 생기를 돌게 한 것이다. 전 세계 어디에서나 성공한 사람들이 가지는 공통된 특징은 자신감과 열정을 지녔다는 것이다. 그들은 모두 눈빛이 살아 있다. 나는 머지않아 그 회사의 매출이 12퍼센트 정도 상승했다는 이야기를 들었다.

이미지 컨설팅의 목표는 옷을 잘 입는 사람이 되는 것이 절대 아니다. 다시 말해서 완벽한 외양을 추구하지 않는다. 이미지 컨설팅의 지향점은 비즈니스에서의 성공이다. 이때의 비즈니스란 단순히 회사를 다니거나 사업을 운영하는 것이 아니다. 한 사람이 스스로의 목적을 달성하기 위해서 행하는 모든 일이 여기에 속한다. 그리고 이미지 컨설팅의 궁극적인 목표는 비즈니스에서의 성공을 통해 인생의 행복을 이루는 데 있다.

성공은 본인의 능력만으로 완성되지 않는다. 치열이 고르지 않거나 대머리라거나 아랫배가 불룩 튀어나왔다거나 하는, 개인적으로 봤을 때 고치고 싶은 항목들은 비즈니스 세계에서는 때로 장점이 되기도 한다. 모든 것이 자신이 처한 상황과 추구하는 목표에 따라 달라진다는 점이 중요하다. 우리는 항상 완벽을 추구하려는 습성을 가지고 있지만, 100퍼센트 완벽한 존재를 만나면 주눅이 들어 거리감을 두고 싶은 것도 사실이다. 사람들의 심리가 그러하다면, 완벽한 존재가 되어 자기만족을 누리는 것보다는 다수와 동질감을 느낄 수 있는 부분을 만들어내는 편이 더 유리하다고 생각한다. 특히 영업을 하는 사람들은 친근한 이미지를 가지고 있는 것이 중요하기 때문에 지나치게 완벽한 이미지 연출은 적합하지 않다.

마지막으로 내가 여러분들에게 조언하고 싶은 컨설팅 방법들을 정리하면 다음과 같다.

남성의 경우, 넥타이 연출법은 대단히 중요하다. 넥타이는 재질과 컬러의 조화에 따라서 세련미와 촌스러움, 고급스러움과 그렇지 못한 연출이 확연하게 판가름나는 매우 치명적인 아이템이다. 따라서 넥타이를 고를 때는 시간과 정성을 충분히 들여야 한다. 또한 넥타이는 매듭짓는 법에 따라서 연출이 달라지기 때문에, 여러 번 연습하여 자신의 이미지를 가장 돋보이게 하는 방법을 손에 익혀야 한다. 넥타이의 컬러와 패턴을 이용하면, 생각보다 훨씬 쉽게 그날그날 이미지를 새롭게 연출할 수 있다.

한편 여성의 경우, 컬러에 따라 날마다 다른 이미지를 만들어낼 수 있다. 주도적이고 강한 이미지를 보여야 할 때는 진한 빨간색을 사용하는 것이 좋고, 비즈니스 이미지를 만들 때는 남성 정장의 컬러와 비슷한 진한 남색을 사용하는 것이 바람직하다. 액세서리도 과하지 않게 포인트만 활용하는 것이 좋다.

가방 또는 브리프케이스는 남성과 여성 모두 자신의 체격과 비슷한 제품으로 선택하는 것이 좋다. 덩치가 큰 사람이 작은 가방을 들면 우스워 보이고, 덩치가 작은 사람이 큰 가방을 들면 안쓰러워 보인다. 정장에서의 가방은 어깨에 메는 것보다 손에 드는 것이 좋다. 어깨에 주름이 생겨서 지저분해 보일 뿐만 아니라, 한쪽 어깨에만 가방을 메고 다닐 경우 반대쪽 어깨가 기울어서 균형이 깨진다.

외부에서 고객과의 만남이 잦은 직업을 가지고 있는 사람이라면, 형태를 지닌 가방을 선택하는 것이 좋다. 미팅 장소에서 가방을 옆 좌석에 내려놓았을 때 힘없이 쓰러지는 것보다는 긴장한 듯 모양을 잡고 서 있는 것이 보는 사람에게도 좋다. 또 이런 가방이 서류나 자료 등을 보관하기에도 용이하다. 그리고 가방을 신발이나 벨트와 비슷한 계열의 색으로 하면, 뚱뚱해 보이거나 키가 작아 보이는 것을 방지할 수 있다.

비즈니스맨에게 가방은 직급이나 직업에 상관없이 지금까

지 살펴본 대로 동일하게 적용할 수 있으나, 비즈니스 캐주얼을 입었을 경우에는 조금 달라진다. 비즈니스 캐주얼은 상의 어깨에 구김이 가도 업무를 보는 데 지장이 없으므로, 이때는 어깨에 메는 가방이든 손에 드는 가방이든 모두 무방하다. 그러나 크게 긴장감을 주지 않는 의상에 딱딱한 가죽 재질의 가방을 들고 있으면, 오히려 어색해서 조화를 깨뜨린다는 점에 주의하자.

펜은 여러 브랜드에서 다양한 디자인과 형태의 제품이 나와 있지만, 꼭 비싼 것을 쓸 필요는 없다. 그러나 격식을 갖춘 성공적인 비즈니스를 위해서는 상대방에게 펜 정도는 준비되어 있다는 인상을 심어줄 필요가 있다. 계약을 하는 자리에서나 고객 미팅 또는 고객과의 중요한 상담 자리에서 사용하는 펜에 신경을 더 쓴다면, 그 사람만을 위한 것이라는 의미가 담겨 점잖은 인상을 줄 수 있다. 고객과 마주 앉아 계약서를 검토하던 중 재킷 주머니에서 꺼낸 펜에 주위에서 쉽게 볼 수 있는 ○○○기념, △△△영업소 등의 문구가 새겨져 있다면, 상대방이 당신을 어떻게 생각하겠는가? 소탈한 성격이라고 생각할 수도 있지만, 품위가 있다고 생각하지는 않을 것이다.

중요한 점은 가방이나 펜을 비싼 제품으로 사용하라는 것이 아니라, 그것이 비즈니스를 하는 데 편리성과 함께 품위를 드러낼 수 있다면 더없이 좋은 제품이라는 것이다. 품위는 작은 것에서부터 만들어진다는 사실을 잊지 말기 바란다.

한편 헤어스타일은 얼굴을 온전히 드러내는 방법이 가장 효과적이다. 즉 얼굴을 드러내어 상대방이 다가오는 공간을 만들어주는 것이 좋다. 특히 여성은 긴 머리보다는 짧은 헤어스타일이 비즈니스 이미지를 더욱 강화시켜준다.


그동안 나는 이미지 컨설팅에 대해 수십 년을 공부했고, 수백 개의 콘텐츠를 연구했다. 또한 수천 권의 자료를 보고, 수만 명의 사람을 직접 컨설팅했다. 처음 이 일을 시작했을 때는 용어조차 낯선 황무지 같은 시장이었다. 알아주는 사람도 없었고, 무언가 새로운 정보를 얻으려면 사비를 들여 미국으로, 또 일본으로 원정을 다녀야 했다.

그 순간순간이 즐겁고 흥미로웠지만, 그만큼 깊이 고민하고 막막했던 시간이기도 했다. 인정을 받지 못하는 것이나 돈을 벌지 못하는 것은 나중 문제였다. 이미지 컨설팅을 시작한 이래 지금까지도 쭉 나를 고민하게 만드는 것은 "이 일이 저 사람을 행복하게 해줄 수 있을까?"라는 스스로에게 건넨 질문이다.

그 이유는 바로 내가 하는 일이 단순히 외양을 꾸며주는 것

**255**

이 아니라, 속에서 나오지 못하고 있는 마음의 형상을 밖으로 꺼내주는 것이기 때문이다. 일반적인 코디네이터였다면 오히려 고민이 적었을지도 모르겠다. "얼굴형이 이러니 이런 넥타이를 매고, 이런 셔츠를 입으세요. 피부색이 노란 편이니까 이 컬러를 쓰세요!"라고 말하면 끝이니까.

그러나 이미지 컨설팅은 한 사람의 전반적인 카리스마를 변하게 만드는 일이다. 또한 원하는 카리스마를 억지로 구겨 넣는 것이 아니라, 본래 가지고 있는 카리스마와 가져야 하는 카리스마를 적절히 더하고 빼며 그 사람에게 가장 잘 맞는 카리스마로 조탁해가는 것이다.

그러다보니 한 사람 한 사람에게 소홀할 수가 없었다. 그 사람의 본질적인 카리스마를 파악해야 했고, 보완해야 할 카리스마를 찾아야 했으며, 그 두 개의 카리스마가 그의 목적과 어떻게 닿아 있는지를 알아야 했다.

거기에 맞추어 컬러와 선, 소품과 제스처, 매너, 말투, 목소리 톤까지 전반적인 컨설팅을 해야 한다. 이미지 컨설팅이란 한 사람의 전부를 들여다본다고 해도 과언이 아닐 정도로 집중하고 긴장해야 하는 일이다. 그 사람의 행복이 걸려 있기 때문이다.

나는 그렇게 일을 할 때마다 이런 생각을 하곤 했다.

카리스마라는 훌륭한 무기를 자기 안에 묻어두고 꺼내지 않는 이유는 무엇일까?

꺼내어 먼지를 툭툭 털고 다듬으면 그 어떤 것보다도 훌륭하게 자신을 빛내줄 텐데, 왜 신경을 쓰지 않을까?

사람들은 왜 카리스마를 만들고 완성해야 하는 가장 좋은 시기를 모르는 것일까?

더 나이가 들면 자신의 진짜 카리스마가 무엇인지도 모른 채 딱딱하게 굳어서 늙어갈 텐데, 내가 어떻게 도와줄 수 있을까?

그래서 모두에게 알려주고 싶었다.

자기 인생의 목표를 이루고 싶다면, 그리고 진짜 행복해지고 싶다면, 당신 안의 카리스마를 거침없이 꺼내놓으라고.

우리는 누구나 스스로의 주인이다. 자신의 삶을 경영하는 주인공으로서 자신감을 가지고 카리스마를 만들어나가자.

카리스마는 분명 당신을 목표한 곳으로 데려다줄 것이다.

# 비즈니스 타입을 알아보는
# 심리 테스트

본 테스트는 미국이미지컨설팅협회에서 제작하여 1990년대부터 미국의 현직 이미지 컨설팅 업체들이 널리 사용하고 있는 것이다. 전체 8단계로 이루어져 있는데, 여기에는 1단계의 일부 내용만 발췌했다. 이 테스트의 결과를 맹신할 필요는 없지만, 자신의 비즈니스 타입을 알아보는 데는 어느 정도 도움이 되므로 한번 체크해보도록 하자.

기본적으로 선택한 개수가 많이 나온 항목에 따라서 유형을 분류하지만, 그렇게 결론짓는 것보다는 어떤 항목을 왜 선택했는지가 더욱 중요하다. 그러므로 서로 상반된다고 생각해도 본인에게 해당되는 사항이 있다면 모두 체크하자.

| 1항 | 2항 | 3항 |
|---|---|---|
| 상냥한 | 사무적인/공적인 | 교양 있는 |
| 사귀기 쉬운 | 양심적인 | 점잖은 |
| 변덕스러운 | 보수적인 | 분별력 있는 |
| 활동적인 | 의존적인 | 뛰어난 |
| 운동에 뛰어난 | 유능한 | 예의 바른 |
| 호감이 가는 | 성실한 | 세련된 |
| 낙천적인 | 조직력 있는 | 정확한 |
| 긍정적인 | 믿음직한 | 절제하는 |
| 직선적인 | 책임감 있는 | 확실한/안전한 |
| 허세를 부리지 않는 | 신용 있는 | 성공한 |
| 합계 | 합계 | 합계 |

＊개수에 제한을 두지 말고, 본인에게 해당하는 항목에 모두 표시한다.

## • 1항 중심: 스포티 스타일

10개 중 7개 이상을 1항에 표시했다면, 스포티 스타일이라고 할 수 있다. 정장을 불편해하고 편안함을 추구하는 성향이다. 완벽한 정장보다는 콤비 스타일, 자연 소재의 직물, 내추럴한 분위기를 살리는 것이 좋다. 갈색이나 주황색, 보라색 등의 컬러를 사용하면 더 활동적으로 보인다.

- **2항 중심: 트래디셔널 스타일**

2항을 가장 많이 선택한 사람은 트래디셔널 스타일이다. 즉 보수적이고 조직생활에 잘 맞는다. 보통은 대기업에 오래 근무한 사람들이 2항을 많이 선택하곤 한다. 이런 스타일의 남자들은 남색 정장에 흰색 셔츠, 사선 스트라이프 넥타이 등을 주로 사용한다. 여자역시 직선으로 떨어지는 정장에 액세서리도 얌전한 편이다.

- **3항 중심: 엘레강스 스타일**

3항을 가장 많이 선택한 사람이라면, 품위 유지에 관심이 많은 경우가 대부분이다. 우아하고 세련된 멋을 추구하며, 대기업의 임원이상이나 전문직 중에 이런 사람이 많다. 남색보다는 회색 정장이 잘 어울리고, 넥타이는 스트라이프보다 솔리드나 작은 문양이 있는 것이 더 낫다. 크림색이나 베이지 등 연한 컬러가 잘 어울리고, 노란색을 좋아하는 사람도 많다.

- **1항과 2항과 3항이 모두 많지만, 그중 특히 2항이 더 많은 경우**

선호도가 골고루 퍼져 있지만 그중 2항이 몇 개 더 많은 사람이라면, 명예를 추구하는 정통 보수파일 가능성이 크다. 이런 사람들은 조직생활에 잘 적응하지만, 지시를 받는 것보다는 리더가 되어 이끄는 것을 더 좋아한다. 또한 돈보다는 명예, 있는 척하기보다는 실리를 추구한다.

- **1항과 2항과 3항이 모두 많지만, 그중 특히 3항이 더 많은 경우**

원래는 내성적이고 우아한 세련미를 추구하지만, 회사생활이나 영업 등 업무 때문에 조직적인 성향과 활발함이 더해진 사람들이다. 이들은 본인이 가진 이미지에 비즈니스적인 면으로 필요한 이미지를 잘 합친 케이스이다.

- **1항과 2항과 3항이 모두 비슷비슷하게 많은 경우**

세 가지 항목에서 모두 7개 이상을 체크한 사람은 적응력, 자기표현력, 욕심 등 모든 성향이 풍부하다. 이들은 TPO에 맞추어 자신의 옷차림을 유연하게 소화해낸다는 장점이 있다. 세 가지 항목에 골고루 퍼져 있더라도 체크한 개수가 3~4개 정도로 적을 때는 소심한 사람인 경우가 많다.

이 심리 테스트는 단순히 '내가 이런 사람이구나' 하고 아는 것에서 끝나서는 안 된다. 자신의 성향을 파악한 후, 하고 있는 일과 그 성향이 일치하는지, 또 목표와 맞아떨어지는지를 검토하고 보완해야 한다.

만약 금융권에서 일하는 사람이 1항을 주로 선택했다면, 본인이 고객과 조직 내부에 신뢰를 주고 있는지를 돌아볼 필요가 있다. 반면에 광고나 마케팅 분야에 종사하면서 대부분 2항을 선택했다면, 창의적인 사람이라는 이미지를 주고 있는지 고민해보아야 한다. 함께 일하는 동료는 이미 알고 있을지도 모르지만, 처음 만나는 고객은 어쩌면 그가 고루한 사람이라는 생각을 할 수도 있기 때문이다.

이미지 컨설팅은 직업에 따라 획일적인 외향을 갖추어야 한다고 주장하지 않는다. 설사 심리 테스트에서 똑같은 결과가 나왔다고 하더라도 사람에 따라 다른 특성을 가지고 있으므로, 저마다 다른 개성과 비즈니스를 위해 필요한 이미지를 조화롭게 결합해야 한다.